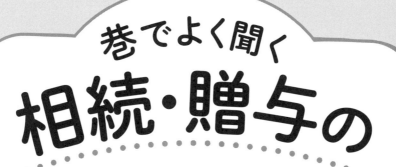

巷でよく聞く

相続・贈与の

借金

ウソ？
ホント!?

質問調査票

身分証明書

あいわ税理士法人 編

市川 光大　　加瀬 良明　　二村 嘉則　　渡辺 登

？　ウソ　ホント　？

税務研究会出版局

はしがき

　本書は、総資産が何十億もある資産家や税理士などの専門家が読むような書籍ではありません。

　タイトルの通り「巷でよく聞く」にスポットを当て、相続や贈与についてこんな話を誰かが言っていた、雑誌やネットの記事でこんな話を見かけたことがある、といった内容を記載しており、相続や贈与に関心のある方にとって読みやすい本となっています。

　本書は実際の案件に基づいた「ウソ・ホント」について、現場の税理士が執筆をしました。税金の話だけでなく、遺言や遺産分割のことなども解説していますので、将来発生するであろう相続に不安のある方や相続・贈与について知識をつけておきたいという方におすすめです。

　本書の構成は、３つの章に分かれています。各章ごとに独立していますので、興味のある部分から読んでいただいても、最初から読み進めていただいても使える一冊です。

　第１章は、相続や贈与についての基礎知識編です。本書を読み進めていくために必要な知識がQ&A形式で「ザックリわかる」ようになっています。相続手続き・相続税・贈与税の全体像がイメージできるようになっているでしょう。

　第２章は、相続税の計算例です。相続税の金額は、誰が相続人になるか、相続人は何人いるのか、財産をどう分けるかなどで異なります。「よくある」一般的なパターンを掲載していますので、読者の方が自分はどのパターンに当てはまるのかを意識しながら確認してみてください。

　第３章は、本書のタイトルである「巷でよく聞く相続・贈与のウソ？ホント⁉」です。
　相続や贈与に関するキーワード別に全部で55個のテーマを掲載しており、それぞれ一問一答で完結するようになっています。遺言や遺産分割などの相続全般に関わるような話から、不動産を利用した相続税対策や税務調査に関する事項など税理士ならではの視点から解説しております。
　相続や贈与に関する基礎知識がある方は、この第３章から読んでいただいても全く問題

ありません。また、このテーマやこの話がピンポイントに知りたかったという方は、気になる部分から読み進めていただいても良いと思います。

　相続は人生の重いテーマでありながらも、避けては通れないテーマです。

　本書が、読者の方にとって相続を考えるきっかけや相続税対策などの一助となることを執筆者一同願っています。

　最後に本書の刊行にあたり、ご尽力いただきました税務研究会の堀直人氏に心からお礼を申し上げます。

令和3年9月　あいわ税理士法人執筆者一同

目　　次

1．ザックリわかる相続・生前贈与

① 相続手続きの流れ

② 相続税の仕組み

2．よくある相続税の計算事例

財産総額が5億1,000万円、葬式費用・債務が1,000万円の場合に相続税はいくらになりますか？

相続財産が4,200万円、葬式費用・債務が200万円の場合に相続税はいくらになりますか？

3．Q&Aで分かる　相続・生前贈与のウソ・ホント

Keyword　相続人

Keyword　養子縁組

Keyword　結婚・離婚

keyword　国際結婚、海外居住・移住

イラスト・カバーデザイン／新岡麻美子

1．ザックリわかる相続・生前贈与

① 相続手続きの流れ

Keyword　相続手続きの流れ

Q 相続が発生しました。何をしなければならないのでしょうか？

A 相続手続きは死亡届の提出から始まり、相続放棄の手続きや準確定申告など、相続税の申告以外にも様々な手続きがあります。具体的なスケジュールは以下のようになっています。

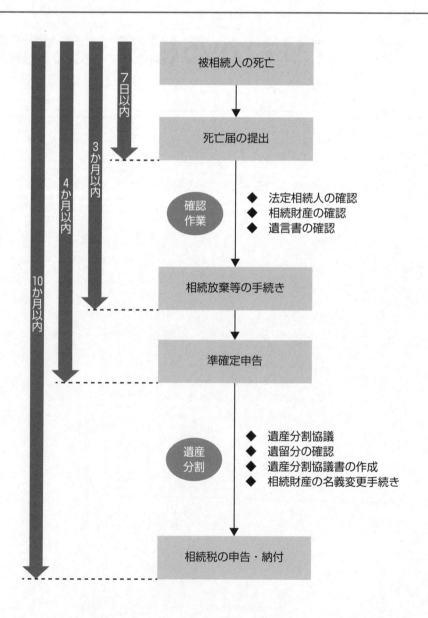

Keyword 法定相続人・法定相続分

Q 財産は誰にどのくらい相続されるのですか？

A 相続できる人や財産の取得割合の目安は民法で定められています。

法定相続人とその順位

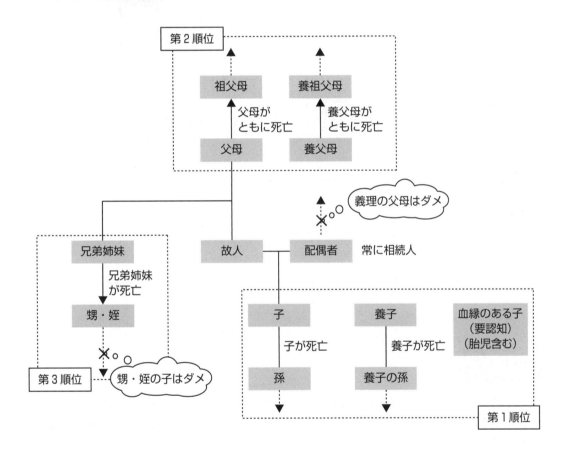

Point

・配偶者は常に相続人となります。
・配偶者以外の相続人は、相続順位にしたがうことになります。例えば、子や孫が一人でもいる場合、父母や兄弟姉妹は相続人になれません。

法定相続分

	配偶者がいる場合	配偶者がいない場合
子が いる場合	子 1/2 / 配偶者 1/2	子 全部
子・孫等がおらず 父母等が いる場合	父母等 1/3 / 配偶者 2/3	父母等 全部
子・孫等がおらず 父母等もおらず 兄弟姉妹が いる場合	兄弟姉妹 1/4 / 配偶者 3/4	兄弟姉妹 全部
配偶者だけ の場合	配偶者 全部	―

Point

　子や父母、兄弟姉妹が複数いる場合は、それぞれ均等に分けます。例えば、相続人が配偶者と子2人の場合、配偶者は1/2、子はそれぞれ1/4ずつが法定相続分となります。

Keyword 遺言

 遺言書がある場合はどのように分割するのでしょうか?

 遺言書がある場合は、遺言書の内容にしたがって分割します。

遺言による財産の承継は法定相続分より優先されるため、遺言書の内容にしたがって分割することが原則となります。例えば、妻ではなく愛人にすべての財産を承継させることも可能です。ただし、相続人の最低限の権利や生活を保護する観点から、配偶者と子、父母には民法で保護された遺留分があります。

遺言書作成による財産の相続

長男に財産を 3／4 残したい……

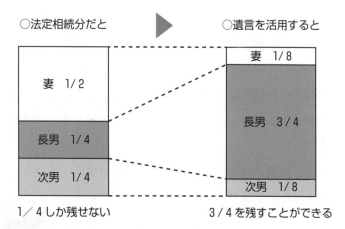

○法定相続分だと → ○遺言を活用すると

妻 1／2
長男 1／4
次男 1／4
1／4しか残せない

妻 1／8
長男 3／4
次男 1／8
3／4を残すことができる

遺留分減殺請求とは

遺言によって財産を取得したとしても、取得をした人以外の相続人から遺留分の権利を主張された場合、遺留分に相当する部分については金銭等で支払いをしなければなりません。

遺留分の額は法定相続分の1／2となっています。

相続人	遺留分
配偶者のみ	配偶者：1／2
配偶者と子（孫）	配偶者：1／4　子（孫）：1／4
子（孫）のみ	子（孫）：1／2
配偶者と父母（祖父母）	配偶者：1／3　父母（祖父母）：1／6
父母（祖父母）のみ	父母（祖父母）：1／3

兄弟姉妹には、遺留分はありません。

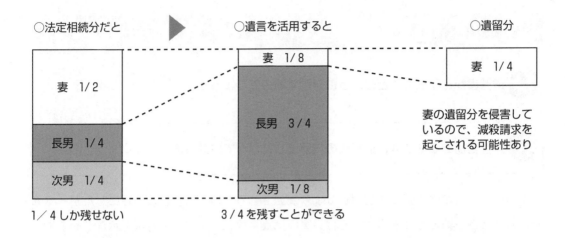

○法定相続分だと　▶　○遺言を活用すると　○遺留分

妻　1/2
長男　1/4
次男　1/4
1／4しか残せない

妻　1/8
長男　3/4
次男　1/8
3／4を残すことができる

妻　1/4
妻の遺留分を侵害しているので、減殺請求を起こされる可能性あり

Keyword　相続放棄

Q 相続放棄はどのような場合にするのでしょうか？

A 相続放棄は借金などを相続したくない場合などに行います。

　相続放棄をした相続人は相続財産を相続する権利を失います。財産より借金の方が多いような場合、相続放棄をすることによって、借金などの相続をせずに済みます。

相続放棄の注意点

◆　相続放棄をすると、相続の権利は次の順位の相続人に移る

◆　生前に相続放棄をすることはできない

◆　相続放棄をする場合には、原則として相続が発生してから3か月以内に家庭裁判所で手続きする必要がある

Keyword　準確定申告

Q 準確定申告とは何でしょうか？

A 被相続人の所得税の申告をいいます。

　確定申告の義務を有する人が確定申告をせずに亡くなった場合、その確定申告は相続人

が行わなければなりません。また、相続人が複数いる場合は、連名にて提出することになります。

準確定申告が必要な人

◆ 　2か所以上から給与を受けていた人

◆ 　給与収入が2,000万円を超えていた人

◆ 　給与所得以外の所得が合計で20万円以上あった人など

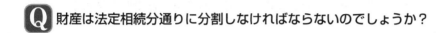
Keyword 　遺産分割

Q 財産は法定相続分通りに分割しなければならないのでしょうか？

A 法定相続分はあくまで目安ですので、法定相続分と異なる遺産分割も可能です。

遺産分割協議が終了したら、必ず遺産分割協議書を作成しましょう。

遺産分割協議書は、協議後のトラブルを避けるためではなく、相続財産の名義変更や相続税の申告の際に必要になります。

遺産分割協議書作成の注意点

◆ 　記名は自筆にて行い、押印は必ず実印で行うこと

◆ 　遺産分割協議書の原本は相続人の人数分を作成し、それぞれで保管をすること

◆ 　後日、新たな相続財産の存在が判明した場合の分割方法を定めておくこと

②　相続税の仕組み

keyword **相続税の計算方法**

Q 相続税はどのような税金ですか？

A 被相続人から受け継いだ財産にかけられる税金です。

　財産総額から葬式費用、借入金などの債務を差し引いた額をもとに計算されます。

相続税の計算方法

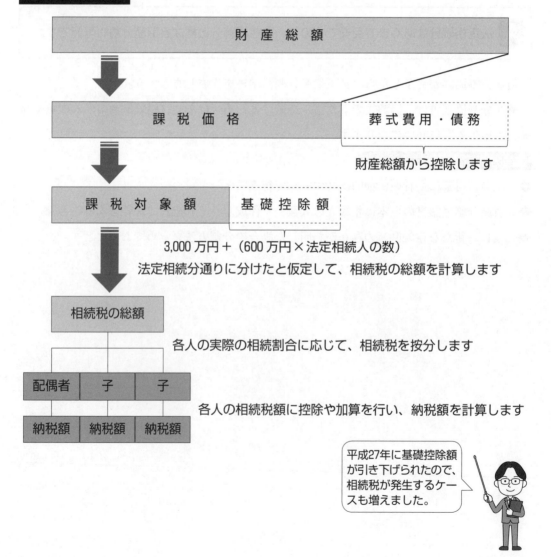

財　産　総　額

課　税　価　格 → 葬式費用・債務

財産総額から控除します

課　税　対　象　額 基　礎　控　除　額

3,000万円＋（600万円×法定相続人の数）

法定相続分通りに分けたと仮定して、相続税の総額を計算します

相続税の総額

各人の実際の相続割合に応じて、相続税を按分します

配偶者　　子　　子

各人の相続税額に控除や加算を行い、納税額を計算します

納税額　納税額　納税額

平成27年に基礎控除額
が引き下げられたので、
相続税が発生するケー
スも増えました。

Keyword 相続税の計算例

 財産総額が2億円、葬式費用・債務が2,000万円の場合に相続税はいくらになりますか？

 法定相続人の数や財産の分け方などにより相続税は変わります。

相続税の計算例 法定相続人が配偶者と子2人の場合

STEP 1 課税価格を算出する

2億円 − 2,000万円 = 1億8,000万円（財産総額から葬式費用・債務を引く）

STEP 2 課税対象額を算出する

①基礎控除額を算出する

3,000万円 + 600万円 × 3人 = 4,800万円

※法定相続人の人数と基礎控除額

人数	基礎控除額
1人	3,600万円
2人	4,200万円
3人	4,800万円
4人	5,400万円
5人	6,000万円

←配偶者と子2人なので、法定相続人の人数は3人

②STEP1の課税価格から基礎控除額を控除する

1億8,000万円（課税価格）− 4,800万円（基礎控除額）= 1億3,200万円（課税対象額）

STEP 3 相続税の総額を算出する

①STEP2の課税対象額を法定相続分で按分する

・配偶者 　　1億3,200万円 × 1/2 = 6,600万円

・子A 　　　1億3,200万円 × 1/4 = 3,300万円

・子B 　　　1億3,200万円 × 1/4 = 3,300万円

②下記の速算表を使い法定相続分で按分した金額に応じた税率をかけ控除額を引く

・配偶者　　6,600万円×30%（税率）－700万円（控除額）＝1,280万円

・子A　　　3,300万円×20%（税率）－200万円（控除額）＝460万円

・子B　　　3,300万円×20%（税率）－200万円（控除額）＝460万円

相続税の速算表

法定相続分に応ずる取得金額	税率	控除額	
1,000万円以下	10%	なし	
1,000万円超～3,000万円以下	15%	50万円	
3,000万円超～5,000万円以下	20%	200万円	←3,300万円に対応
5,000万円超～1億円以下	30%	700万円	←6,600万円に対応
1億円超～2億円以下	40%	1,700万円	
2億円超～3億円以下	45%	2,700万円	
3億円超～6億円以下	50%	4,200万円	
6億円超	55%	7,200万円	

③それぞれの税額を合計し、相続税の総額を算出する

　1,280万円＋460万円＋460万円＝2,200万円（相続税の総額）

STEP 4　**各相続人の納税額を算出する**

　課税価格の金額（1億8,000万円）を配偶者が9,000万円（50%）、子Aが5,400万円（30%）、子Bが3,600万円（20%）を実際に相続した場合、以下のように計算されます。

最後に実際の取得金額に応じた
税金が計算されるんですね！

①STEP 3の相続税の総額を実際の相続割合で按分する

・配偶者　　2,200万円×9,000万円/1億8,000万円＝1,100万円

・子A　　　2,200万円×5,400万円/1億8,000万円＝660万円

・子B　　　2,200万円×3,600万円/1億8,000万円＝440万円

②税額控除（※）を適用し、最終的な納税額を算出する

・配偶者　　1,100万円－1,100万円（配偶者の税額軽減）＝0円

・子A　　　660万円

・子B　　　440万円

（※）相続人が一定の要件を満たす場合には、下記の税額控除が適用できます。

税額控除

配偶者の税額軽減	配偶者は、実際に取得した財産の金額が法定相続分か1億6,000万円以下のどちらかまでは無税
未成年者控除	未成年者は、10万円×（20歳（※）－相続開始時の相続人の年齢）を控除
障害者控除	障害者は、10万円×（85歳－相続開始時の相続人の年齢）を控除
特別障害者控除	特別障害者は、20万円×（85歳－相続開始時の相続人の年齢）を控除
相次相続控除	10年内に相次いで相続があった場合は、前回の相続税の一定割合を控除

（※）民法改正に伴い、令和4年4月1日以降、未成年者控除は20歳から18歳に引き下げられます。

他の計算例は「2．よくある相続税の計算事例」（P23～）を参照して下さい。

Keyword 相続税のかかる財産

 相続税は全ての財産にかかるのですか？

 一部の非課税財産を除いて、ほとんどの財産が相続税の対象となります。

相続税のかかる財産・かからない財産の例

相続税のかかる財産	相続税のかからない財産（非課税財産）
◆現金・預貯金 ◆土地（田・畑・宅地・山林など） ◆家屋 ◆有価証券（株式・国債・社債など） ◆事業用財産（機械・商品・原材料など） ◆家庭用財産（家具・自動車・骨董品など） ◆その他（ゴルフ会員権・貸付金など）	◆墓所や仏壇、仏像など （骨董品や投資目的で所有しているものは除く） ◆相続税の申告期限までに国等に寄附した財産 ◆香典・花輪代など

　相続税の対象となる財産は、被相続人が生前に所有していたものだけではありません。

下記のような財産も相続税の対象となります。

みなし相続財産など

◆　死亡保険金
◆　死亡退職金
◆　死亡前3年以内に贈与された財産
◆　相続時精算課税の適用を受けて贈与された財産
◆　家族名義で作成された預貯金などで実質的に被相続人に係るもの（名義預金）

特に名義預金は申告もれになるケースが多いので注意しましょう。

Keyword　相続財産の評価方法

 相続財産はどうやって評価するのですか？

 相続財産は相続開始時の時価によって評価されます。

主な相続財産の評価方法

財産の種類	評価方法
現金・預貯金	相続開始時の残高
土地	路線価方式又は倍率方式（後述）
家屋	固定資産税評価額
有価証券	相続開始時の時価等
死亡保険金・死亡退職金	受取金額
その他の財産	相続開始時の時価

時価の評価方法は税法で財産ごとに定められています。

Keyword　土地の評価方法

 土地はどうやって評価するのですか？

 土地は路線価方式又は倍率方式で評価します。

路線価方式

　国税庁が定めた路線価（道路に面する標準的な土地の1m^{2}当たりの価格）に宅地の面積を乗じて評価額を計算する方法

〈路線価図の例〉

　左記の路線価図の場合、東京タワーの立っている土地の路線価は、1m²当たり118万円となります（路線価図の金額単位は千円）。

　この路線価に東京タワーの敷地面積を乗じた金額が、東京タワーの土地の相続税評価額になります。

路線価は一般的に公示価格≒時価の8割と言われています。

倍率方式

　路線価が定められていない土地について、その土地の固定資産税評価額に国税局長等が一定の地域ごとに定めた倍率を乗じて計算する方法

〈評価倍率表の例〉

市区町村名：青梅市　　　　　　　　　　　　　　　　　　　　　　青梅税務署

音順	町（丁目）又は大字名	適用地域名	借地権割合 %	固定資産税評価額に乗ずる倍率等						
				宅地	田	畑	山林	原野	牧場	池沼
あ	天ヶ瀬町	市街化調整区域	40	1.1	中 16	中 27	純 13	純 13		
		市街化区域	—	路線	比準	比準	比準	比準		
い	今井1丁目	市街化調整区域	40	1.2	中 16	中 21	中 16	中 16		
		市街化区域	—	路線	比準	比準	比準	比準		

Point

- 土地の評価方法は路線価方式と倍率方式の2つの方法がありますが、路線価が設定されている土地は路線価方式で、路線価が設定されていない土地は倍率方式で計算することになります。
- 路線価や倍率については、国税局のHP（http://www.nta.go.jp）で簡単に把握することができますので、ぜひ参考にしてみてください。
- 固定資産税評価額については、固定資産税通知書記載の課税明細を確認するか、市町村の税務課（東京都は都税事務所）でも調べることができます。

Keyword 土地を貸している場合の評価方法

 土地を他人に貸している場合の評価はどうなりますか？

 貸宅地又は貸家建付地として評価を行います。

土地を他人に貸している場合（貸宅地）

　土地の上に他人が建物を建てている場合、一般的に建物の所有者に借地権が発生します。したがって、土地の評価にあたっては、借地権割合を差し引いて評価します。

　貸宅地の評価額＝自用地評価額×（１－借地権割合）

土地の上に自分の賃貸建物が建っている場合（貸家建付地）

　土地の上に自分の賃貸建物が建っている場合借主がいるため、土地の所有者は土地を自由に処分・利用できません。したがって、土地の評価にあたっては、一定の金額を差し引いて評価します。

　貸家建付地の評価額＝自用地評価額（１－借地権割合×借家権割合×賃貸割合）

〈例〉

土地の自用地評価額が１億円、借地権割合70％、借家権割合30％、賃貸割合90％の場合

自分で使用している土地	他人の建物が建っている土地	賃貸アパートなどを建てている土地
自用地 １億円	貸宅地 3,000万円	貸家建付地 8,110万円
	１億円×（1－0.7）＝3,000万円	１億円×（1－0.7×0.3×0.9）＝8,110万円

 Point

- ・借地権割合は、路線価図や倍率表によって地域ごとに定められており、路線価図では価額の後ろにアルファベット（A＝90％、B＝80％、C＝70％、D＝60％、E＝50％、F＝40％、G＝30％）で表示されています。
- ・借家権割合は全国一律30％となります。
- ・賃貸割合とは、建物のうち賃貸している割合のことをいいます。

Keyword　小規模宅地等の特例

Q 自宅の土地は評価が低くなる制度があるそうですが、どのような制度ですか？

A 小規模宅地等の特例といい、最大で評価額が80%減額されます。

　被相続人の家族が居住していたり、事業に使用していた土地については、評価額を減額する小規模宅地等の特例があります。ただし、特例の適用には条件があるので注意しましょう。

小規模宅地等の特例

土地の種類	相続する人	減額割合
特定居住用宅地等	配偶者 持ち家なしの別居親族 同居、又は生計を一の親族	330m²まで80%減額
特定事業用宅地等	親族	400m²まで80%減額
貸付事業用宅地等	親族	200m²まで50%減額

Point

・この特例は原則として申告期限まで引き続き保有し、居住・事業の用に供している場合に適用されます。
・遺産分割が成立していない場合、この特例の適用は受けられません。

③ 贈与税の仕組みと生前贈与

Keyword 贈与税の計算

Q 贈与税はどのような税金ですか？

A 贈与された財産にかけられる税金です。対象財産は相続税のかかる財産と基本的に同じです。

贈与税の計算の流れ

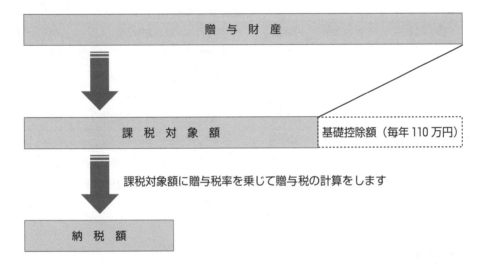

贈　与　財　産

↓

| 課　税　対　象　額 | 基礎控除額（毎年 110 万円） |

↓ 課税対象額に贈与税率を乗じて贈与税の計算をします

| 納　税　額 |

現在、相続税と贈与税の一体化に向けた法改正への動き出しがある模様です。今後、相続税及び贈与税の計算体系が変わる可能性があります。

Keyword　贈与税の税率

 Q 贈与税率は何パーセントですか？

A 贈与者と受贈者の関係及び受贈者の年齢によって、税率が異なります。

　父母や祖父母などから20歳以上の子や孫などに贈与した場合は特例税率を使用し、それ以外の場合は一般税率を使用します。

贈与税の速算表

特例税率

課税対象額	税率	控除額
200万円以下	10%	なし
200万円超〜400万円以下	15%	10万円
400万円超〜600万円以下	20%	30万円
600万円超〜1,000万円以下	30%	90万円
1,000万円超〜1,500万円以下	40%	190万円
1,500万円超〜3,000万円以下	45%	265万円
3,000万円超〜4,500万円以下	50%	415万円
4,500万円超	55%	640万円

一般税率

課税対象額	税率	控除額
200万円以下	10%	なし
200万円超〜300万円以下	15%	10万円
300万円超〜400万円以下	20%	25万円
400万円超〜600万円以下	30%	65万円
600万円超〜1,000万円以下	40%	125万円
1,000万円超〜1,500万円以下	45%	175万円
1,500万円超〜3,000万円以下	50%	250万円
3,000万円超	55%	400万円

贈与税の計算例

特例税率

祖父から<u>20歳以上</u>の孫へ現金500万円を贈与した場合

　$(500万円 - 110万円) \times 15\% - 10万円 = 48万5千円$
　　└─▶ 390万円（課税対象額）

一般税率

祖父から20歳未満の孫へ現金500万円を贈与した場合

　$(500万円 - 110万円) \times 20\% - 25万円 = 53万円$
　　└─▶ 390万円（課税対象額）

Keyword　相続時精算課税

 相続時精算課税はどのような制度ですか？

 最大2,500万円まで贈与税を負担することなく、子や孫に贈与することができる制度です。

　60歳以上の父母や祖父母から、20歳以上の子や孫への生前贈与について、子や孫が選択することによって利用できます。

　この制度を適用した贈与財産の価額は、贈与者が亡くなった時に相続財産の価額に加算し、相続税を計算します。

贈与税の計算（相続時精算課税を適用）

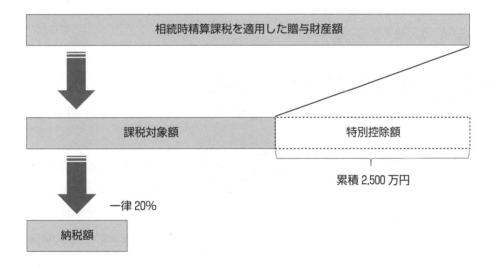

 Point

　・相続時精算課税は選択制になっていますので、父からの贈与は相続時精算課税を選択するが、母からの贈与は選択しないことができます。
　・一度選択したら取り消せないのでご注意ください。

相続税の計算（相続時精算課税を適用）

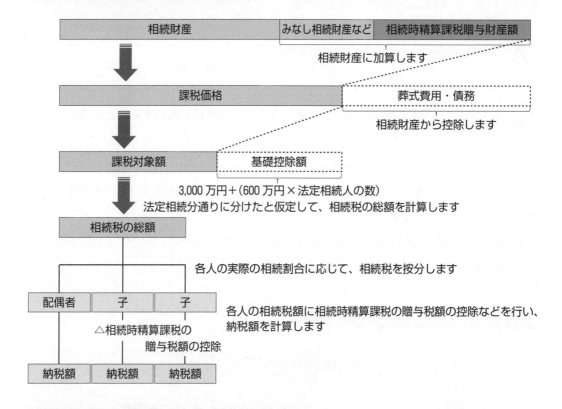

相続時精算課税の適用がある場合とない場合の比較

なし	適用	あり
10～55%	贈与税率	20%
年間110万円まで	贈与時の控除額	贈与者ごとに累積2,500万円まで
なし	適用条件	・60歳以上の父母や祖父母から20歳（令和4年4月1日以後は18歳）以上の子や孫への贈与 ・適用のために一定の書類の提出が必要
年間110万円の控除額があるので、毎年110万円の範囲内で贈与を行っていくことで贈与税は課されない。	特徴	・贈与者ごとに選択適用ができる。 ・一時的に多額の資金を贈与したい場合や将来値上がりが予想される財産の贈与に向いている。 ・一度選択したら取り消せない。 ・110万円以下の贈与でも申告の必要がある。
相続開始前3年以内に行った贈与財産は、相続財産に加算する必要がある。	相続財産への加算	相続時精算課税贈与財産を相続財産に加算する必要がある。

Keyword　贈与税の申告期限

贈与税はいつまでに申告・納付しなければならないのでしょうか？

贈与税の申告・納付は、贈与があった年の翌年2月1日から3月15日までにしなければなりません。

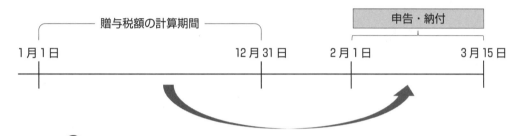

Point

・申告期限までに申告をしなかった場合や、贈与税の納付をしなかった場合は加算税や延滞税などのペナルティが課されます。
・相続時精算課税を選択する場合や他の特例の適用を受ける場合、期限を守らなければ適用不可となることがありますので、注意しましょう。

2．よくある相続税の計算事例

財産総額が5億1,000万円、葬式費用・債務が1,000万円の場合に相続税はいくらになりますか？

相続税は相続人が異なる場合、税額が変わります。
法定相続人が異なる場合のパターンを比較して見ていきましょう。

例① 相続人が配偶者と子2人

STEP 1 課税価格を算出する

5億1,000万円－1,000万円＝5億円（財産総額から葬式費用・債務を引く）

STEP 2 課税対象額を算出する

①基礎控除額を算出する

3,000万円+600万円×3人＝4,800万円

※法定相続人の人数と基礎控除額

人数	基礎控除額
1人	3,600万円
2人	4,200万円
3人	4,800万円
4人	5,400万円
5人	6,000万円

←配偶者と子2人なので、法定相続人の人数は3人

②STEP 1の課税価格から基礎控除額を控除する

5億円（課税価格）－4,800万円（基礎控除額）＝4億5,200万円（課税対象額）

STEP 3 相続税の総額を算出する

①STEP 2の課税対象額を法定相続分で按分する

・配偶者　　4億5,200万円×1／2＝2億2,600万円

・子A　　　4億5,200万円×1／4＝1億1,300万円

・子B　　　4億5,200万円×1／4＝1億1,300万円

②下記の速算表を使い、法定相続分で按分した金額に応じた税率をかけ控除額を引く

・配偶者　　　2億2,600万円×45%（税率）−2,700万円（控除額）＝7,470万円

・子A　　　　1億1,300万円×40%（税率）−1,700万円（控除額）＝2,820万円

・子B　　　　1億1,300万円×40%（税率）−1,700万円（控除額）＝2,820万円

相続税の速算表

法定相続分に応ずる取得金額	税率	控除額	
1,000万円以下	10%	なし	
1,000万円超〜3,000万円以下	15%	50万円	
3,000万円超〜5,000万円以下	20%	200万円	
5,000万円超〜1億円以下	30%	700万円	
1億円超〜2億円以下	40%	1,700万円	←1億3,000万円に対応
2億円超〜3億円以下	45%	2,700万円	←2億2,600万円に対応
3億円超〜6億円以下	50%	4,200万円	
6億円超	55%	7,200万円	

③それぞれの税額を合計し、相続税の総額を算出する

7,470万円＋2,820万円＋2,820万円＝1億3,110万円（相続税の総額）

STEP 4　各相続人の納税額を算出する

課税価格の金額（5億円）を法定相続分通り配偶者が2億5,000万円（1/2）、子Aと子Bが1億2,500万円（1/4）ずつ相続した場合、以下のように計算されます。

①STEP3の相続税の総額を実際の相続割合で按分する

・配偶者　　　1億3,110万円×2億5,000万円/5億円＝65,550,000円

・子A　　　　1億3,110万円×1億2,500万円/5億円＝32,775,000円

・子B　　　　1億3,110万円×1億2,500万円/5億円＝32,775,000円

②税額控除（※）を適用し、最終的な納税額を算出する

・配偶者　　　65,550,000円−65,550,000円（配偶者の税額軽減）＝0円

・子A　　　　32,775,000円

・子B　　　　32,775,000円

（※）相続人が一定の要件を満たす場合には、下記の税額控除が適用できます。

税額控除

配偶者の税額軽減	配偶者は、実際に取得した財産の金額が法定相続分か1億6,000万円以下のどちらかまでは無税
未成年者控除	未成年者は、10万円×（20歳（※）−相続開始時の相続人の年齢）を控除
障害者控除	障害者は、10万円×（85歳−相続開始時の相続人の年齢）を控除
特別障害者控除	特別障害者は、20万円×（85歳−相続開始時の相続人の年齢）を控除
相次相続控除	10年内に相次いで相続があった場合は、前回の相続税の一定割合を控除

配偶者との間に子がいなかった場合には、第２順位の両親が法定相続人となります。

例② 配偶者と両親

STEP 1 課税価格を算出する

５億1,000万円−1,000万円＝５億円

STEP 2 課税対象額を算出する

①基礎控除額を算出する

3,000万円+600万円×３人＝4,800万円

※法定相続人の人数と基礎控除額

人数	基礎控除額
1人	3,600万円
2人	4,200万円
3人	4,800万円
4人	5,400万円
5人	6,000万円

←配偶者と両親なので、法定相続人の人数は３人

②STEP 1 の課税価格から基礎控除額を控除する

５億円−4,800万円＝４億5,200万円

STEP 3 相続税の総額を算出する

①STEP 2 の課税対象額を法定相続分で按分する

・配偶者　　４億5,200万円×２／３＝301,333,000円（千円未満切捨）

・父　　　　４億5,200万円×１／６＝ 75,333,000円（千円未満切捨）

・母　　　　４億5,200万円×１／６＝ 75,333,000円（千円未満切捨）

今回の場合の法定相続分は配偶者３分の２、父母はそれぞれ６分の１（３分の１×２分の１）ですね（P4参照）

②法定相続分で按分した金額に応じた税率をかけ控除額を引く

- 配偶者　301,333,000円×50％－4,200万円＝108,666,500円

- 父　　　75,333,000円×30％－　700万円＝　15,599,900円

- 母　　　75,333,000円×30％－　700万円＝　15,599,900円

相続税の速算表

法定相続分に応ずる取得金額	税率	控除額	
1,000万円以下	10%	なし	
1,000万円超～3,000万円以下	15%	50万円	
3,000万円超～5,000万円以下	20%	200万円	
5,000万円超～1億円以下	30%	700万円	←75,333,000円に対応
1億円超～2億円以下	40%	1,700万円	
2億円超～3億円以下	45%	2,700万円	
3億円超～6億円以下	50%	4,200万円	←301,333,000円に対応
6億円超	55%	7,200万円	

③それぞれの税額を合計し、相続税の総額を算出する

108,666,500円＋15,599,900円＋15,599,900円＝139,866,300円

STEP 4　各相続人の納税額を算出する

　課税価格の金額（5億円）を配偶者が3億3,400万円、両親が8,300万円ずつ相続した場合、以下のように計算されます。

①STEP 3の相続税の総額を実際の相続割合で按分する

- 配偶者　139,866,300円×3億3,400万円/5億円＝93,430,688円

- 父　　　139,866,300円×　8,300万円/5億円＝23,217,805円

- 母　　　139,866,300円×　8,300万円/5億円＝23,217,805円

②税額控除（※）を適用し、最終的な納税額を算出する

・配偶者　93,430,688円－93,244,199円（配偶者の税額軽減）^{（注）}＝186,400円（百円未満切捨）

・父　　　23,217,800円（百円未満切捨）

・母　　　23,217,800円（百円未満切捨）

（※）相続人が一定の要件を満たす場合には、下記の税額控除が適用できます。

税額控除

配偶者の税額軽減	配偶者は、実際に取得した財産の金額が法定相続分か１億6,000万円以下のどちらかまでは無税
未成年者控除	未成年者は、10万円×（20歳（※）－相続開始時の相続人の年齢）を控除
障害者控除	障害者は、10万円×（85歳－相続開始時の相続人の年齢）を控除
特別障害者控除	特別障害者は、20万円×（85歳－相続開始時の相続人の年齢）を控除
相次相続控除	10年内に相次いで相続があった場合は、前回の相続税の一定割合を控除

> 配偶者の取得した財産が法定相続分も１億6,000万円も超えた場合には、以下のように配偶者の税額軽減は計算されます。

（注）配偶者の税額軽減

$$相続税の総額 \times \frac{課税価格の合計額のうち配偶者の法定相続分相当額（１億６千万円に満たない場合には１億６千万円）と配偶者の実際取得額とのいずれか少ない方の金額}{課税価格の合計額}$$

139,866,300円×333,333,333円[※]/500,000,000円＝93,244,199円

※500,000,000円×2／3＝333,333,333円（法定相続分）＜340,000,000円（実際取得分）

∴333,333,333円

子も両親もいなかった場合、第３順位の兄弟が法定相続人になります。

例③ 配偶者と兄弟が３人

STEP 1 課税価格を算出する

５億1,000万円−1,000万円＝５億円

STEP 2 課税対象額を算出する

①基礎控除額を算出する

3,000万円+600万円×４人＝5,400万円

※法定相続人の人数と基礎控除額

人数	基礎控除額
１人	3,600万円
２人	4,200万円
３人	4,800万円
４人	5,400万円
５人	6,000万円

←配偶者と兄弟３人なので、法定相続人の人数は４人

②STEP１の課税価格から基礎控除額を控除する

５億円−5,400万円＝４億4,600万円

STEP 3 相続税の総額を算出する

①STEP２の課税対象額を法定相続分で按分する

・配偶者　　４億4,600万円×３/４＝334,500,000円（千円未満切捨）

・兄　　　　４億4,600万円×１/12＝ 37,166,000円（千円未満切捨）

・姉　　　　４億4,600万円×１/12＝ 37,166,000円（千円未満切捨）

・弟　　　　４億4,600万円×１/12＝ 37,166,000円（千円未満切捨）

今回の場合の法定相続分は配偶者４分の３、兄弟はそれぞれ12分の１（４分の１×３分の１）ですね（P4参照）

②法定相続分で按分した金額に応じた税率をかけ控除額を引く

- ・配偶者　　334,500,000円×50％－4,200万円＝125,250,000円
- ・兄　　　　37,166,000円×20％－　200万円＝　5,433,200円
- ・姉　　　　37,166,000円×20％－　200万円＝　5,433,200円
- ・弟　　　　37,166,000円×20％－　200万円＝　5,433,200円

相続税の速算表

法定相続分に応ずる取得金額	税率	控除額	
1,000万円以下	10％	なし	
1,000万円超～3,000万円以下	15％	50万円	
3,000万円超～5,000万円以下	20％	200万円	←37,166,000円に対応
5,000万円超～1億円以下	30％	700万円	
1億円超～2億円以下	40％	1,700万円	
2億円超～3億円以下	45％	2,700万円	
3億円超～6億円以下	50％	4,200万円	←334,500,000円に対応
6億円超	55％	7,200万円	

③それぞれの税額を合計し、相続税の総額を算出する

125,250,000円＋5,433,200円＋5,433,200円＋5,433,200円＝141,549,600円

| STEP 4 | **各相続人の納税額を算出する** |

　課税価格の金額（５億円）を配偶者が３億7,500万円、兄が4,500万円、姉が4,500万円、弟が3,500万円ずつ相続した場合、以下のように計算されます。

①STEP３の相続税の総額を実際の相続割合で按分する

- ・配偶者　141,549,600円×３億7,500万円／５億円＝106,162,200円
- ・兄　　　141,549,600円×　　4,500万円／５億円＝　12,739,464円
- ・姉　　　141,549,600円×　　4,500万円／５億円＝　12,739,464円
- ・弟　　　141,549,600円×　　3,500万円／５億円＝　　9,908,472円

②税額控除（※）を適用し、最終的な納税額を算出する

・配偶者　　106,162,200円 − 106,162,200円^(注1)（配偶者の税額軽減）＝ 0 円

・兄　　　　12,739,464円 ＋ 　2,547,892円^(注2)＝15,287,300円（百円未満切捨）

・姉　　　　12,739,464円 ＋ 　2,547,892円^(注2)＝15,287,300円（百円未満切捨）

・弟　　　　　9,908,472円 ＋ 　1,981,694円^(注2)＝11,890,100円（百円未満切捨）

（※）相続人が一定の要件を満たす場合には、下記の税額控除が適用できます。

税額控除

配偶者の税額軽減	配偶者は、実際に取得した財産の金額が法定相続分か１億6,000万円以下のどちらかまでは無税
未成年者控除	未成年者は、10万円×（20歳（※）−相続開始時の相続人の年齢）を控除
障害者控除	障害者は、10万円×（85歳−相続開始時の相続人の年齢）を控除
特別障害者控除	特別障害者は、20万円×（85歳−相続開始時の相続人の年齢）を控除
相次相続控除	10年内に相次いで相続があった場合は、前回の相続税の一定割合を控除

（注１）配偶者の税額軽減

$$\boxed{相続税の総額} \times \dfrac{\boxed{\begin{array}{l}課税価格の合計額のうち配偶者の法定相続分相当額（１億６千万円に\\満たない場合には１億６千万円）と配偶者の実際取得額とのいずれか\\少ない方の金額\end{array}}}{\boxed{課税価格の合計額}}$$

141,549,600円 × 375,000,000円※/500,000,000円 ＝ 106,162,200円

※500,000,000 × 3 / 4 ＝ 375,000,000円（法定相続分）＝ 375,000,000円（実際取得分）

∴375,000,000円

> 法定相続人が兄弟の場合には、税金の上乗せがあります。

（注２）２割加算

　被相続人の配偶者、子、父母以外の人が、相続財産を取得した場合には、各人ごとに算出した相続税に２割上乗せをする制度です。

兄、姉→12,739,464円×20％＝2,547,892円

　弟　→　9,908,472円×20％＝1,981,694円

相続財産が4,200万円、葬式費用・債務が200万円の場合に相続税はいくらになりますか？

相続財産はあるが、あまり多額でない場合や法定相続人が多いなどの場合には、課税価格が基礎控除額を下回る場合があります。

相続人が、配偶者と子1人の場合

STEP 1　課税価格を算出する

　4,200万円 − 200万円 = 4,000万円

STEP 2　課税対象額を算出する

①基礎控除額を算出する

　3,000万円 + 600万円 × 2 人 = 4,200万円

※法定相続人の人数と基礎控除額

人数	基礎控除額
1人	3,600万円
2人	4,200万円
3人	4,800万円
4人	5,400万円
5人	6,000万円

←配偶者と子1人なので、法定相続人の人数は2人

②STEP1の課税価格から基礎控除額を控除する

　4,000万円 − 4,200万円 < 0

　課税価格が基礎控除額を下回る場合には、相続税は発生しないため、STEP3以降の計算手続きを踏む必要はありません。このように、相続財産が多額でない場合には相続税は発生しないこともあり、相続税の申告が必要ない場合もあります。

　なお、相続税が発生しない場合、相続税の申告は不要ですが、小規模宅地等の特例を適用する場合など、一定の場合には申告書の提出が必要な場合もありますのでご留意下さい。

基礎控除額を下回るケースは多く、相続が発生しても相続税を支払う必要がない人も多くいます。

3．Q&Aで分かる
相続・生前贈与のウソ・ホント

Keyword 相続人

Q1 内縁の妻や同性パートナーにも相続権がある

A1 今の日本の法律では内縁の妻や同性パートナーに相続権は認められません。しかし、「遺言」「養子縁組」によって相続権が生じたのと同じような効果を得ることは可能です。

解説

　相続権は民法で定められており、相続権を持つ人を相続人といい、配偶者は常に相続権を持ち相続人として遺産を取得することができます。

　配偶者として認められるためには法律婚をしている必要がありますが、日本では婚姻は夫婦同姓にしなければならない、男女でなければならないといった諸々の制約から法律婚を選択しない人も一定数います。しかし、法律的に婚姻関係にない内縁関係者や同性パートナーには相続権がありません。

　一方、別居中の妻などは、事実上離婚をしていても戸籍上婚姻関係にあれば相続権があるので、相続人として遺産を取得することができます。

　つまり、被相続人と同居している内縁の妻であっても、その被相続人に別居中の妻がいる場合、相続権は別居中の妻にあるので、相続が発生した場合には同居している内縁の妻は住居を失う可能性もあるということです。

　内縁関係者や同性パートナーが被相続人と一緒に住んでいた住居や築き上げてきた財産を承継するためには、「遺言」「養子縁組」といった方法を採ることが考えられます。これにより相続権を得たのと同じような効果を生むことができます。

① **遺言**

　被相続人の生前に内縁関係者や同性パートナーに財産が取得できるよう遺言を書いておく方法です。ただし、一定範囲の相続人には遺留分という最低限の遺産の取り分がありますので、遺言の場合にはこの点に注意する必要があります。

　また、遺言により財産を取得することができても相続人にはなれないので、相続税を計算する際の基礎控除額の計算にこれらの人の分は含まれないほか、相続税の負担を大きく軽減することができる相続税の配偶者控除、小規模宅地の特例などは適用できません。さらに相続税は２割加算（※）されてしまいます。

② 養子縁組

　内縁関係者というより同性パートナーに財産を残すための対策として考えられる方法です。養子縁組は自分の子として迎え入れることですので、被相続人と同性パートナーとの間で親子関係を作ってしまうという奇抜な方法です。養子は自分の子として相続人にカウントされるため、被相続人の養子となった同性パートナーは法的に相続権が認められ相続人として財産を取得することが可能です。さらに親子関係にすれば姓を同じにすることが可能であり、同性同士であっても婚姻に近い関係を生み出すことも可能です。

　この場合には相続税の計算において小規模宅地の特例を適用できる可能性があり、また、2割加算は適用されません。

　なお、これらの方法以外にも生命保険などの活用により財産を残すことも可能です。

　このように、相続権がない内縁関係者や同性パートナーに財産を残す場合は、生前に対策を講じることが必要です。

（※）2割加算

　被相続人の配偶者、子、父母以外の人が、相続財産を取得した場合には、各人ごとに算出した相続税に2割上乗せをする制度です。

胎児でも相続人になれる

A2 ホント　胎児はすでに生まれたものとみなされ、生きて生まれてくれば相続人の対象となります。

解説

　胎児が相続人になるケースとしては、妻が妊娠中に不慮の事故で夫を亡くしてしまうような場合が想定されますが、相続権を持つ人は、相続開始時に生存していることが要件ですので、お腹の中にいる胎児は原則論からすれば相続人ではありません。しかし、胎児については例外的にすでに生まれたものとみなし、生きて生まれてくれば相続人の対象とされます。そのため、胎児がいる場合には、遺産分割は胎児が出生するのを待って遺産分割をするのが一般的であり、仮に出生前に胎児を無視して遺産分割を行っても、胎児が無事に生まれた場合には、遺産分割をやり直さなければなりません。

　それでは、無事に胎児が生まれた場合に、赤ん坊が自分の意志で遺産分割協議に参加できるのかという疑問が湧きますが、このような場合には特別代理人を選定します。特別代理人は家庭裁判所の選任により決定されますが、相続の内容など、家庭の事情を知られることになるため、信頼関係があれば叔父や叔母を特別代理人とすることが想定されます。なお、母親の取り分が増えれば子の取り分が減り、利害が対立する関係になってしまうので、母親が特別代理人になることはできません。

　この通り胎児は相続人の対象とされるため、遺産分割協議は胎児の出生を待ってから行うことになりますが、相続税の計算においてはこの考え方が通用しません。仮に胎児が生まれる前に相続税の申告期限が到来してしまった場合には、胎児はいなかったものとして申告と納税を行わなければなりません。つまり、基礎控除額の計算に含めることなどがで

きないため、相続税を多額に納税することになります。ただし、相続税の申告期限後に胎児が生まれ、その胎児を相続人に含めることで相続税額が少なくなるような場合には、出生の翌日から4か月以内であれば還付請求を行うことができます。

　また特例措置として、胎児を相続人に含めることで申告書の提出が不要となるような場合（相続税が発生しなくなる場合）には、申請により申告書の提出期限が、胎児が出生してから2か月後まで延長されるという特例もあります。なお、胎児が生まれていないという理由で申告を行わない場合には、無申告扱いとなり無申告加算税や延滞税といったペナルティが生じます。

手続きの失念には注意しましょう！

Q3 相続人がいないと最終的に財産は国に没収される

A3 身寄りのない人が死亡した場合などは、その人の遺産は国に没収されることがあります。

解説

　身寄りのない人が死亡した場合には、市役所等が戸籍に基づいて親族を探し、遺体の引取り、火葬・埋葬を依頼します。しかし、親族が一切いなかった場合や疎遠などを理由に遺体の引取りを拒否されてしまった場合には、自治体が遺体を引き取り、火葬・埋葬を行います。このような場合、故人の相続財産は最終的には国に没収されます。

　具体的には、以下の図をご覧いただければわかるように一定の手続きを経て相続人、相続債権者、受遺者、特別縁故者からの請求を待つことになります。この手続きを踏んでもなお相続財産が残る場合には国に没収されることとなります。

【一定の手続き】

家庭裁判所が、財産の管理や相続人の捜査を行う相続財産管理人を選任し、官報公告

２か月以内に
相続人が現れない場合

相続財産管理人は、被相続人に対し債権を有していた者（相続債権者）や被相続人から遺言により財産を与えられる者（受遺者）に対して、官報公告

２か月以上の期間を設けたが、
相続債権者や受遺者が現れない

再度、相続人であるならば申出るべき旨の官報公告（相続人捜査公告）

６か月以上の期間を設けたが、
結局相続人は現れなかった

相続人の不存在が確定

３か月以内に特別縁故者（※）から
財産分与の申し立てがない

相続財産は国に没収

（※）特別縁故者とは

　特別縁故者とは、内縁の妻、事実上の養子、故人の療養看護に努めた人などが該当しますが、具体的に特別縁故者に該当するか否かは家庭裁判所の判断に委ねられます。また、この決定の際に、どの程度の貢献があったかを考慮してどのくらいの財産を譲るかについても決定されます。

Keyword　養子縁組

Q4　養子縁組で相続税は節税できる

A4 　子供のいない夫婦などは養子縁組により相続税を減らすことができ、孫を養子にすることで相続税が大幅に減少することがあります。

　しかし、養子縁組により相続税が減少するということはケースバイケースでもあり、節税対策のみの目的で行うと税務署から否認される可能性があります。

解説

①　一般的な養子縁組による節税

　養子は自分の子として扱われ、相続人としてカウントされるため、相続税の計算において基礎控除額が引き上げられ、結果として相続税は減少します。つまり、相続人は多ければ多いほど相続税を節税することができます。注意点として、相続税の計算では養子に入れる人数に制限があります。子供のいない夫婦は2人まで、子供のいる夫婦は1人までと定められているため、無制限に養子を取ることによって基礎控除額をみだりに引き上げることはできません。

　また、子供のいない夫婦は養子を入れることで必ずしも相続税が減少するとは限りません。例えば、相続人が兄弟姉妹や甥姪などに及ぶ場合、養子の上限は2人までであるため、兄弟姉妹や甥姪が3人以上いれば養子を入れない方が基礎控除額は多くなります。

②　孫養子による節税

　孫を養子に入れることで相続税が減少することがあります。孫を養子にすることでなぜ相続税が減少するかというと、基礎控除額を増やすことができることに加えて、相続を1回飛ばすことができるためです。相続は親子間で行われることが通常であり、親から子供、その子供から子供（孫）へと相続は行われ、その都度、相続税が課税されます。つまり、孫は2回目に相続を受けることになり、一族としては相続税を2回支払うことになります。そこで、祖父母が孫を養子にしておけば相続を1回飛ばすことができ、相続税を1回支払わずに済みます。これは多額の資産を保有している一族には大きな節税メリットになります。

　例えば、100億円の財産を保有している資産家の場合、相続税の税率は最高税率である55％が適用され、１回目の相続で相続税は55億円、２回目の相続では残り45億円の財産に対して相続税は25億円とされ、各種控除額を考慮しなければ、合計80億円の相続税を支払うことになります。そのため、孫を養子に入れ、相続を１回飛ばすことができれば大きな節税効果が得られます。

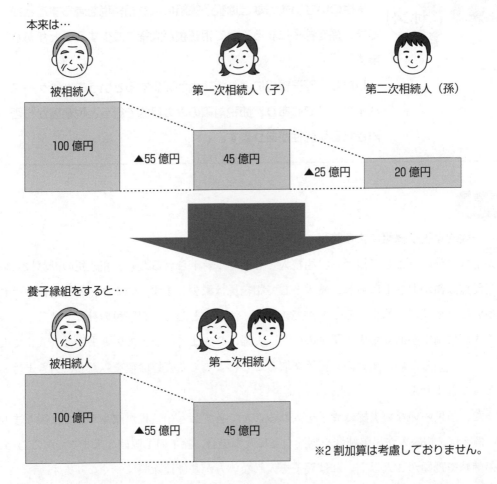

　ただし、税務署が、明らかな節税目的の養子縁組と判断した場合には、相続税の計算において養子縁組はなかったものとして取り扱われる可能性があります。税務署がどのように判断するかは養子縁組を行った理由次第ではありますが、例えば、被相続人が危篤状態となってからあわてて養子縁組を行ったような場合には、税務署から否認される可能性があると考えられます。

Keyword　結婚・離婚

Q5 結婚前に相続人が保有していた財産にも相続税がかかる

A5 　相続税の対象となる財産は、被相続人が死亡時において所有していた財産です。

　結婚前に相続人が保有していた財産は被相続人が保有していた財産とは全く異なるものですので、当然相続税の対象とはされません。

結婚前のそれぞれの保有財産

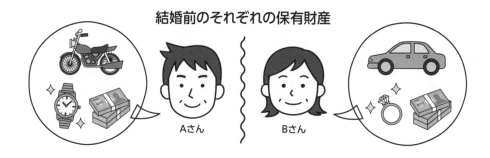

Aさん　　Bさん

解説

　結婚後夫婦が共同生活をしていく中で、お互いにお金を出し合って財産も一緒に築き上げていくという考え方からすれば、配偶者である相続人がもともと保有していた財産が残っていたとしても、それは既に夫婦共有の財産になってしまっているため、相続税の対象になりうるという考え方もあるかもしれません。

　しかしながら、配偶者である相続人が結婚する前から持っていた預金は、相続人の努力で貯めたものであり、夫婦共有の財産とは異なります。

　このように夫婦それぞれが結婚前に作った財産のことを民法上は「特有財産」といいますが、結婚前から配偶者である相続人が保有していた預金等の特有財産については遺産分割の対象とはされず、被相続人が保有していた財産には該当しませんので、相続税の課税対象にもなりません。

Q6 離婚時の財産分与で取得した財産には、贈与税はかからない

A6 **ホント**　　財産分与は夫婦が共同生活をしていくなかで形成された財産を清算するという事であって、新たに財産を取得するわけではないため、基本的に贈与税は発生しません。

　ただし、財産分与で得た財産が常識の範囲を超えて多額である場合や、贈与税や相続税を免れる為に不正な離婚が行われたと認められるような場合は贈与税が課される可能性があります。

　また、財産を取得する側において原則贈与税は発生しませんが、財産を与える側において譲渡所得税が発生する場合がありますので、注意が必要です。

解説

　離婚に伴う財産分与については、相手方から贈与を受けたのではなく、財産分与請求権に基づいた財産の清算として取り扱われ、もともと自分の持分であったものとみなされるため、贈与税は課税されません。

　ただし、一般的には財産分与の割合は２分の１程度といわれており、財産分与の金額が多すぎると判断される場合については贈与税が課税される場合があるため注意が必要です。

　もっとも、税務上は２分の１を超えた場合は必ず贈与税がかかるという明確な規定があるわけではなく、そもそも財産分与は夫婦間の様々な事情を考慮して割合が決定されるわけですので、税務上も慎重な判断が必要とされます。

　このように、財産分与について原則贈与税は発生しませんが、この税務上の取扱いを逆手にとり、意図的な財産分与を行うことによって相続税や贈与税の課税を回避する行為が想定されるため、租税回避が目的と認められる離婚が行われた場合は贈与税が課税される可能性があります。

　しかし、税務当局が租税回避目的の離婚であるかどうかを見抜き、立証することは通常困難であると思われますので、よほどのことがない限り、実務上、贈与税が課税される可能性は限定的と言えるでしょう。

　一方財産を与える側については譲渡所得税が発生する場合があるため注意が必要です。

　財産分与として現金を与える場合は、現金の譲渡という概念は無いため譲渡所得税はかかりませんが、土地や建物などの不動産や、株式やゴルフ会員権などの財産を与える場合で財産分与時の時価が取得価額よりも上がっているような場合には譲渡所得税が発生します。

　譲渡所得税は、例えば土地の場合、土地売却時の収入から土地購入に要した金額と譲渡費用を差し引いた利益相当額が譲渡所得として課税されますので、財産分与で不動産を与えたとしても収入があるわけでは無いため、一見すると譲渡所得税は発生しないようにも思えます。

　これは、本来お金をもらって売却を行った場合には譲渡所得が発生し納税が生じるはずであるのに、無償で譲渡することによって、本来納税すべき税金がゼロとなってしまうことを防ぐため、収入が無いにも関わらず、あたかもお金をもらって資産を売却したものとみなし、譲渡所得税を納税させるという税務上の規定によるものです。

keyword　国際結婚、海外居住・移住

Q7 国際結婚すると日本の相続税法は適用されない

A7 国際結婚をしても、相続又は遺贈により財産を取得した場合には、日本の相続税法が適用されます。

解説

　日本の相続税法が適用されるか否かは、次に掲げる３つのポイントを基礎に検討する必要があります。

① 相続又は遺贈により日本にある財産を取得したのか

② 被相続人の住所地はどこであったのか

③ 相続人の住所地はどこか

　これら３つのポイントを総合的に勘案して、日本の相続税法が適用されるか否かを判断します。

　まず、①についてですが、少なくとも日本にある財産を相続又は遺贈により取得したという場合には、日本の相続税法が適用されます。

　極端な例ですが、ずっとアメリカに住んでいる親子の親が亡くなったとします。その親が何かしら理由があって日本の土地を持っていました。その土地を子が相続したという場合にも、日本の相続税法が適用されます。

　また、国際結婚の例で考えると、例えば、日本人の女性とアメリカ人の男性が国際結婚をして、夫婦でアメリカに住んでいるとします。そして、妻の父親（日本人）が亡くなり、妻が日本にある財産を相続したとします。このとき、妻が取得した財産については日本の相続税法が適用されます。

　次に、②についてですが、被相続人が日本にしか住んだことがないような場合には、その被相続人の財産が世界中のどこにあろうとも、その被相続人の財産を相続又は遺贈によって取得した者には、日本の相続税法が適用されます。

　先ほどの国際結婚の例では、妻が取得した財産は日本にあるものだけでしたが、例えば、それに加えてアメリカにある被相続人の財産も取得したというケースの場合、日本とアメリカにある財産両方について日本の相続税法が適用されるのです。

　最後に、③についてですが、日本に住んでいる人が相続又は遺贈によって財産を取得し

た場合にも、その財産が世界中のどこにあろうとも日本の相続税が適用されることになります。

　例えば、先ほどとは逆のケースで、日本人の女性とアメリカ人の男性が国際結婚をして、夫婦で日本に住んでいるとします。このとき、夫の父親（アメリカ人）が亡くなり、夫がアメリカにある財産を相続したとします。この場合、夫が取得したアメリカの財産についても日本の相続税法が適用されるのです。

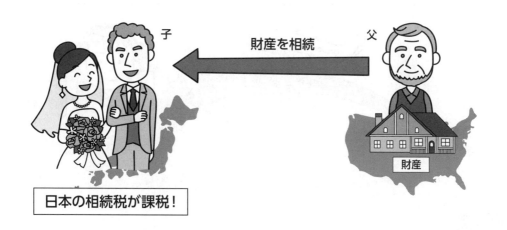

　つまり、日本の相続税法が適用されない場合というのは、極めて限定的なケースであり、例えば、アメリカにずっと住んでいる親子間で相続が発生し、親から子へ日本にある財産以外の財産が相続されたというケースだけなのです。

　したがって、配偶者が外国の人であるとか、被相続人又は相続人が外国の人であるからといって、日本の相続税法が適用されないと考えるのは拙速に過ぎるといえます。

Q8 留学中の子供には相続税又は贈与税がかからない

A8  例え、留学中のため日本に住所が無かったとしても、留学中の子供が相続又は贈与により財産を取得した場合、基本的には、日本の相続税又は贈与税が課税されると考えられます。

解説

　一時的に海外で生活する日本人が財産を相続又は贈与によって取得した場合、基本的には日本の相続税又は贈与税が課税されると考えて差し支えありません。しかし、以前の相続税法では、例えば、日本に住んでいる親が海外で生活している子供に財産を贈与した場合、その財産が国外に所在するものであれば、日本で贈与税が課税されることはありませんでした。

　ここで有名な裁判事例として、「武富士事件」をご紹介します。武富士の創業ご夫妻は、武富士株式を大量に保有していたオランダ法人の出資持分を当時香港在住のご子息に贈与しました。当該オランダ法人の出資持分は国外に所在する財産に該当するため、この贈与が行われた当時の相続税法では、上述した通り、ご子息に日本の贈与税は課税されない旨の取扱いが規定されていました。後日、税務当局はこれを不服として、この贈与について推定約1,300億円の追徴課税を求めましたが、最終的には最高裁で納税者が勝訴し、当時の規定に従い、贈与税は課税されませんでした。

　この事件の争点として、多額の贈与税を回避するため意図的にご子息の住所を日本から香港に移したのではないかという懐疑的な見方もされたようですが、賛否両論の末、「香港が住所であるという実態が存在する以上、贈与税回避の目的があったとしても、客観的な生活の実態が消滅するものではない」として、納税者の勝訴に至りました。

　こうした背景から、財産を相続又は贈与により取得した個人が日本に住所を有しない場

合であっても、被相続人又は贈与者が日本に住んでいれば、その財産が国内又は国外のいずれかに所在するかを問わず、日本の相続税又は贈与税が課税されるよう改められました。

　このほか、所要の改正により、日本に所在する財産をすべて処分した上で家族全員が長期的に（少なくとも10年以上）海外移住しない限り、日本で相続税又は贈与税が課税される可能性を排除することができなくなりました。

　このように、現行法上、日本で相続税又は贈与税が課税されないためには、家族全員が日本の生活から離れる覚悟を持つ必要があること、また、相当な準備及び時間が必要であることから、節税対策を意識した安易な国外転出は控えた方が無難といえるでしょう。

keyword　認知症

Q9 認知症の相続人は遺産分割協議に参加できない

A9 認知症により、自分の意思を伝えることが困難な場合には、遺産分割協議に参加することができません。

解説

　遺産分割協議とは、被相続人の財産を相続人のみんなが納得できる形で分けられるように話し合う場です。

　そのため、認知症により、自分の意思を伝えることが困難だと判断されるような場合には、遺産分割協議に参加することができません（厳密にいうと、意思能力がない人が行った遺産分割協議は、法律上無効とされます）。

　仮に、意思能力のない人が参加した遺産分割協議が有効だとしたら、認知症の人以外の相続人が自分たちに有利になるように話し合いを進めてしまうかもしれません。これを防ぐため、法律では意思能力のない人が行った遺産分割協議については、無効と定めているのです。

　では、認知症の人がいる場合、被相続人の財産を分けることができないのかというと必ずしもそうではありません。例えば、被相続人に遺言があり、その通りに遺産分割を行う場合には、認知症の人がいても遺産分割を行うことができます。

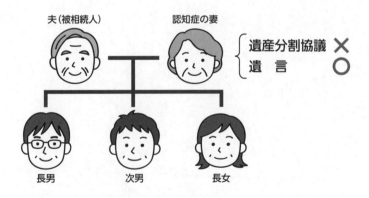

　被相続人に遺言が無いようなケースで、遺産分割協議を行う必要があるときは、特別代理人を立てることにより、遺産分割協議を行うことが可能です。

　特別代理人は、家庭裁判所に申立てをすることにより、家庭裁判所の審判を経て選任されますが、他の相続人は認知症の人と利害が対立する関係にあるため、特別代理人となることができません。また、特別代理人は家庭裁判所の審判で指定された行為のみ代理することができ、家庭裁判所で指定された行為が終了したときは、特別代理人の任務は終了となります。

　なお、偏（ひとえ）に認知症といっても、その症状が軽度であり、意思能力があるような場合には、特別代理人を立てずとも遺産分割協議に参加することが可能なケースもあります。

　この意思能力があるか否かについては、具体的には医師の診断書などに基づいて判断することになるでしょう。

　そのため、相続人のうちに認知症など意思能力が無いと疑われる人がいる場合には、事前に医師などに相談しておきましょう。

Q10 成年後見人で認知症対策はバッチリ

A10
認知症対策の有効な手段の一つではありますが、相続税対策のことまで考えると、成年後見人で認知症対策がバッチリとは言い切れません。

解説

　成年後見人とは、認知症などの理由で意思能力が不十分となってしまった人を保護・支援するために、家庭裁判所で選ばれた人のことを言います。

　成年後見人に選ばれると財産の管理や遺産分割協議に参加するなど、本人の生存中の利益のために、本人に代わって財産に関するすべての法律行為を代理で行うことができます。

　また、財産に関するもののほか、身のまわりの世話のための介護サービスや施設への入所に関する契約を結んだりすることもできます。

　成年後見人になるための具体的な手続きは、親族などが家庭裁判所に申立てを行い、家庭裁判所の審判を経て選任されることになります。

　Q9. 認知症の相続人は遺産分割協議に参加できない（P48）で述べたとおり、認知症の人は遺産分割協議を行うことができません。そのため、本人が不利益を被らないよう、成年後見人を立てることが必要になります。

　成年後見人には親族がなることもできますが、たとえ、親族が成年後見人になったとしても、遺産分割協議に関しては、別途特別代理人を立てる必要があります。これは、例えば子が親の成年後見人になった場合、その子は「子」としての立場と「親の成年後見人」としての立場の両方の立場で遺産分割協議に参加することになるため、適切な遺産分割ができない可能性があるためです。そのため、親の成年後見人として遺産分割協議に参加す

ることはできないのです。

　なお、認知症の人の財産管理を親族が行うことになると、財産の使い込みなどといった不適切な支出が懸念されるため、実際は司法書士や弁護士などの専門家が成年後見人に選ばれるケースが多い傾向にあります。

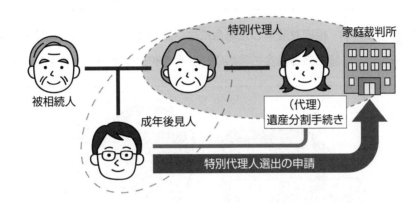

　認知症対策としては、成年後見人を立てることも有効な手段の一つではありますが、成年後見人は本人の利益保全のために財産を管理することが目的の制度ですので、例えば、相続税対策で親族へ贈与を行うというようなことはできないことになっています。

　したがって、相続税対策のことまで視野に入れると、成年後見人のほか、遺言の活用や家族信託 Q19. 遺言より家族信託の方が安全・確実である （P67）の活用も考えられるため、慎重に検討すべきでしょう。

keyword　相続放棄・廃除・欠格

Q11 相続放棄すれば借金はチャラになる

A11 ホント　相続を放棄した場合には、被相続人のプラスの財産と、負の財産である借金も含めて、すべてを放棄することになります。

解説

　相続の放棄とは、被相続人が有していた現預金、不動産、有価証券その他プラスの財産と借金などの負の財産のすべてについて、相続する権利を手放すことです。

　ただし、相続の放棄をする場合には、原則として相続が発生してから3か月以内に家庭裁判所で手続きをする必要があります。

　そのため、被相続人にどのくらいプラスの財産と負の財産があるのかという調査とその結果に基づいて相続の放棄をするという判断は、極めて短期間で行わなければなりません。

　しかし、そうは言っても状況によっては、そんな短期間で調べきれないケースもありますので、相続の放棄期間をさらに3か月延長することもできます。その場合には、別途、家庭裁判所で手続きをする必要があります。

　なお、相続の放棄をした場合には、その放棄を取り消すことができない点には注意が必要です。確かに、相続の放棄をすることで借金はチャラになりますが、相続の放棄をした

後に莫大な財産が出てきたとしても、それを相続することはできないのです。

　また、相続の放棄をした場合、相続権は次の相続人に移ります。例えば、子が相続の放棄をした場合には、次に被相続人の両親に相続権が移り、その両親も相続の放棄をした場合には、その次は被相続人の兄弟姉妹といったような形で相続権が移っていきます。

　そのため、自分が相続の放棄をしても、その後の相続権を得た人全員が相続の放棄をしなければ、本当の意味で被相続人の借金がチャラになるとは言えない点にも注意が必要です。相続の放棄をした場合、次の相続人に相続権が移ったことを誰かが知らせてくれるわけではありませんので、放棄をした本人が次の相続人に伝える必要があります。これを怠った場合、自分の親族が多額の借金を抱える可能性もあるのです。

　家族に不幸があった場合は、いろいろとバタバタするものです。その中で相続の放棄をするには、手続き期間は体感的にはより短いと感じると思われます。また、二度と取り消すことができないというリスクや親族が借金を抱えてしまう可能性もあります。

　そのため、事前に被相続人との話し合いの場を設け、ある程度財産を把握しておくことが望ましいでしょう。

Q12 放蕩息子は相続人から廃除することができる

A12 ホント 著しく非行であると判断される場合には、廃除することが可能です。

解説

　相続の廃除とは、自分が亡くなったときに相続人となるであろう人の相続権を奪うことを言います。

　相続の廃除は、その相続人が次の３つの事由のどれかに該当している場合に行うことが可能です。

① 　被相続人を虐待したこと

② 　被相続人に重大な侮辱をしたこと

③ 　相続人が著しい非行をした（している）こと

　放蕩息子については、主に上記③に当てはまるかどうかによって廃除できるか否かを考えることになります。上記③については、一つの例として、浪費、遊興などを繰り返すことが当てはまりますが、どの程度で③に該当するのかは、なかなかイメージしづらいかと思います。

　具体的には、「ギャンブルや女性問題などによって多額の借金を重ね、その返済を親に負わせ、その返済額が親の財産に比べ相当過大である」とか、「親が病気などを患っても一切看病をすることはないのに、金だけはねだる」などといった行為が該当します。また、勤めた先々で横領を繰返すなどといった犯罪行為の繰返しも著しい非行と言えるでしょう。

　このように、著しい非行とは、その行為を繰返し行うことによって、親子関係が破壊されてしまうようなケースを指します。その判断は客観的、かつ、社会の一般常識に照らして判断されることとなるため、家庭裁判所に申立てをして裁判所の判断を仰ぐこととなります。

　ところで、多くの人は放蕩息子について、「自由気ままに好き勝手やっている息子」のようなイメージを思い浮かべることでしょう。単にご近所さんから「あの子は親のすねかじっている」と思われる程度では、上記③に該当するとは言えません。

　なお、相続の廃除については、いったん認められても、家庭裁判所に請求することによって、廃除の取消しを行うことが可能です。

Keyword　相続分

Q13 遺言書がなければ法定相続割合で遺産分割をしなければならない

A13  被相続人が亡くなった場合、遺言書の有無を確認し、遺言書がある場合には基本的に遺言書にしたがい相続分が決まりますが、遺言書がない場合には相続人が遺産分割協議を行い、法定相続割合にとらわれず相続分を決めることができます。

解説

　遺産分割には一定の手順があります。まず、被相続人が生前に用意した遺言書の有無を確認します。遺言書があればその遺言書の内容にしたがい遺産分割を行います。ただし、遺言書には公正証書遺言、自筆証書遺言、秘密証書遺言と種類があり、その内容次第では遺言書と認められないケースもあるため、ただ遺言書らしきものがあれば、それにしたがうということにはなりません。そのため、遺言書らしきものがあっても遺言書として認められない（無効）場合には「遺言は無し」ということで次のステップに進みます。ちなみに、公正証書遺言であれば、法律のプロである公証人が遺言者に代わって作成するため、確実に有効です。

公証人

　遺言書が存在しなかった場合や、遺言書が存在しても無効となった場合には、遺産分割協議により遺産分割を行うことになります。そのため、相続人全員が合意すれば、どのような遺産分割でも問題はありませんので、必ずしも法定相続割合で分割を行う必要はありません。

　遺産分割協議では遺産分割協議書という書類を作成し、そこに財産の分割内容を記載し

ておくことで、相続人全員の意思確認と将来の揉め事を防ぐ役割を担います。この書類は預貯金や不動産の名義変更で使用したり、さらに相続税の申告にあたっての添付書類としても必要になります。

　なお、遺産分割協議において、相続人が一人でも遺産分割に応じてくれない時には、家庭裁判所に対し、遺産分割調停の申し立てを行います。遺産分割調停では話し合いの解決になるため、遺産分割調停でまとまらなければ裁判官の判断で決定することになり、結果的に法定相続分での遺産分割に落ち着いてしまうこともあります。

　また、遺産分割協議の成立後に遺言書が見つかってしまった場合、遺言には時効がないので、相続人の一人でも遺言を有効にしたいと言えば遺産分割協議は無効になります。

 音信不通の子供には相続権はない

Q14　**ウソ**　音信不通であっても、相続権はなくなりません。

解説

　相続が発生した場合、一般的には被相続人の配偶者（夫や妻）とその子が相続権を有することとなります。

　この相続権が無くなる場合とは、次の4つのどれかに該当した場合です。

①　相続人が相続権を放棄したとき

②　相続人につき相続の廃除があったとき

③　相続人が相続の欠格事由に該当したとき

④　相続人が死亡したとき

　なお、相続の欠格とは、相続に関して自分にとって有利にものごとを進めるため、不正な行為をした場合に相続人としての資格が法的に剥奪される制度です。

　例えば、相続に関する被相続人の遺言書を自分に有利になるように偽造したり、あるいは、被相続人の遺言書を破棄したりするような場合などが欠格事由に該当します。また、怖い話ですが、故意に被相続人を殺害した場合なども相続の欠格事由に該当します。

　そのため、単に音信不通であるという事実のみをもって、相続権が無くなることはありません。

　被相続人が遺言書を残しており、その遺言書が法的に有効な場合には、音信不通などの行方不明者がいても、遺言書通りに遺産分割が行われますが、遺言書が無い状態で、相続権を有する子供が音信不通状態となっていると、被相続人の財産について遺産分割協議を行うことができません。そうなるといつまでたっても、被相続人の財産が分割されず、預

金口座の名義変更や不動産の登記手続きなどができません。

　そのため、相続人のうちに音信不通者がいて、遺言書が無い場合には、不在者財産管理人の選任をするという方法や、失踪宣告の申立てを行うという方法があります。

　不在者財産管理人の選任とは、家庭裁判所へ申立てを行うことによって、音信不通となっている不在者に代わって、不在者の財産を管理することができる人を選ぶ制度です。また、不在者財産管理人に選任された者は、別途家庭裁判所へ手続きを行うことにより、不在者に代わって遺産分割協議に参加することができます。この不在者財産管理人には親族等もなることが可能ですが、不在者と利害が対立する関係にある場合には分割協議に参加することができません。

　したがって、不在者以外の相続人が不在者財産管理人となって遺産分割協議を行うことはできないため、一般的には、司法書士や弁護士などの専門家が選任されます。

　失踪宣告とは、音信不通である不在者のその生死が相当期間明らかでない場合に、不在者を死亡したものとみなす制度です。

　具体的には、７年間その不在者の生死が明らかでないときは、家庭裁判所へ申立てを行うことにより、失踪宣告を行うことができます。

　これにより、その不在者は法律上死亡したものとみなされるため、その相続権もなくなることになり、遺産分割協議を進めることができます。

　ただし、失踪宣告が確定するまでには、家庭裁判所へ申立てを行ってから、目安として６か月程度の期間がかかるとされていますが、場合によっては１年以上かかることもあり、相続税の申告期限に間に合わない場合があるので、注意が必要です。

Q15　入籍前に生まれた子の相続分はディスカウントされる

A15 ウソ　被相続人が女性である場合には、入籍前後に関係なく生まれた子の相続権は等しく保証されます。

　　他方、被相続人が男性である場合には、入籍前に生まれた子について、その男性が認知をしていれば、入籍前後に関係なく生まれた子の相続権は等しく保証されますが、認知をしなければ、入籍前に生まれた子に相続権は認められません。

　したがって、入籍前に生まれた子の相続権の有無が問題になることはありますが、相続分がディスカウントされるということはありません。

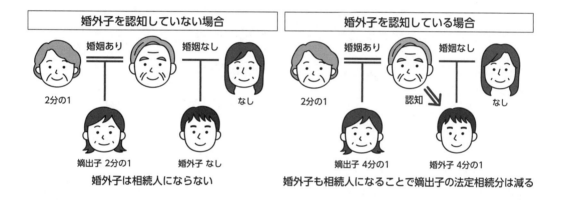

婚外子を認知していない場合	婚外子を認知している場合
婚姻あり　　　　婚姻なし	婚姻あり　　　　婚姻なし
2分の1　　　　　　　なし	2分の1　　認知　　　なし
嫡出子 2分の1　　婚外子 なし	嫡出子 4分の1　　婚外子 4分の1
婚外子は相続人にならない	婚外子も相続人になることで嫡出子の法定相続分は減る

解説

　男女の間に子が生まれた場合、その子が男性の子（実子）であると認められるのは、大きく分けて次のいずれかに該当する場合です。

① 　入籍中に生まれた子である場合

② 　入籍期間外に生まれた子を男性が認知した場合

　つまり、入籍前の男女間で生まれた子については、男性が認知しない限り、その生まれた子はその男性の子としては認められません。相続権を有するためには、被相続人の相続人としての地位を有する必要がありますが、相続人とは誰でも自由になれるものではなく、法律で定められています。子が親の相続人となるためには、被相続人（親）の実子であることが必要です。したがって、入籍前に生まれた子については、男性が認知をしなければ、その子は「その男性を被相続人とする相続権」を有することができないのです。

　他方、女性の場合には、ご自身がお腹を痛めて出産したという事実があるため、入籍中

に生まれた子であっても、入籍前に生まれた子であっても、認知する必要なく女性の子（実子）として認められます。

　ところで、以前の民法では入籍前の男女の間に生まれた子と、入籍後に生まれた子の相続分は異なる取扱いをされていましたが、民法改正によってその差異は解消され、2013年9月5日以降、両者は同等の相続分を有することとされています。そのため、現在では入籍前に生まれた子であっても（男性の場合には認知が必要となりますが）相続分がディスカウントされることはありません。

Keyword **遺言**

Q16 自筆証書遺言は無効になる場合が多い

A16  　自筆証書遺言は誰でも手軽に作成することが可能であり、また費用も発生しない点がメリットではありますが、法律で定められた要件を充足しておらず遺言の法的効力が無効とされるケースが多々見受けられます。

　また、遺言書の存在を家族に内緒にしていたため死亡後に発見されないケースや、遺言書を紛失してしまうケース、あるいは、遺言書の内容が自分にとって不利である相続人がその遺言書を隠したり、その内容を変造又は偽造したりする可能性もあります。

　被相続人の意思を確実に成就させるためには、自筆証書遺言よりも公正証書遺言を選択した方が堅実であるといえます。

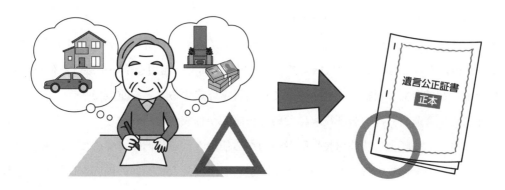

解説

　遺言には①「自筆証書遺言」、②「公正証書遺言」、③「秘密証書遺言」の３種類があります。このうち①「自筆証書遺言」は、自筆で作成する遺言書をいい、手軽に作成することができます。

　相続発生後、自筆証書遺言の存在が確認された場合、家庭裁判所による検認が行われ、遺言の有効性が検証されます。この検認において、自筆証書遺言の要件を充足せず、遺言の法的効力が無効であると認定されてしまうケースは少なくありません。せっかく遺言書を作成したのに無効とされれば、自身が思い描いていた財産承継を実現することができず、また、相続人間で無用な混乱が生じる可能性も否定できません。

　自筆証書遺言の作成における注意点は以下の通りです。

■遺言書の全文、作成日付及び氏名を自筆すること（財産目録に限り、タイピングも可）

■遺言書に自身の印を押すこと（実印が望ましい）

■遺言書の記載内容を変更する場合、その変更した場所に押印をして正しい文字を記載した上で、どこをどのように訂正したのかを欄外に記載してその場所に署名すること（変更方法はかなり厳格であるため、できるなら、遺言書のすべてを書き直した方が無難といえます）

■遺言書が複数枚に及ぶ場合はホチキスあるいは袋綴じを行い、割印を押すこと

■財産を特定できるよう、詳細かつ明確に記載すること（不動産に関しては謄本の添付も可）

■破れにくい紙を使用すること

■変造されることを避けるために封入・封印を行うこと

　なお、遺言書を紛失してしまうケース、そもそも相続人が遺言書の存在を知らず遺言書が発見されないケース、あるいは遺言書が偽造される可能性があるため、自筆証書遺言を作成する場合には、可能であれば、すべての相続人に遺言書の記載内容や保管場所[※]を事前に明らかにしておくことが望ましいでしょう。

　また、遺言書の記載内容が、相続人の立場からしてみれば平等でない可能性もありますので、被相続人の意思を生前中に伝えておき、相続人間での無用な争いを避ける観点から、家族会議などで全ての相続人立会いの下で遺言書を作成することも重要です。

　②「公正証書遺言」は、公証役場において公証人が作成する遺言書をいいます。公証人は判事・検事・弁護士・法務局長経験者の中から任命される専門家ですので、最も安全かつ安心に遺言書を作成することができます。遺言者が公証人に遺言の内容を口述し、それを元に公証人が遺言書を作成するため、自筆証書遺言のように要件を充足せず遺言書が無効になるという心配がありません。

　公正証書遺言は公証役場に保管されるため、遺言書の紛失や偽造等の心配がなく、遺言書の存在が相続人に気付かれないといった問題も生じません。また、自筆証書遺言で必要とされる家庭裁判所の検認も不要であり、公正証書遺言には様々なメリットがあります。

　公正証書遺言唯一のデメリットとしては、公証役場に一定の手数料を支払わなければならない点が挙げられます。仮に、財産の価額が1億円である場合、相続人の数により異なりますが、手数料としてはおおむね10万円程度生じます。財産の金額が多額になればなるほど手数料は増加しますが、保有財産の額に比べれば相対的に手数料はそれ程高くないと思われます。

　③「秘密証書遺言」は、遺言書の「内容」を秘密にしたまま、公証人に遺言書の「存在」のみを証明してもらう遺言書をいいますが、一般的には、あまり活用されていません。

　公証人は遺言書の内容までは確認しないため、そもそも遺言自体が無効になってしまう恐れがあります（秘密証書遺言にも一定の要件があり、その要件を満たさないと遺言書が無効とされます）。また、公証人は遺言書自体を保管しないため、作成された遺言書が発見されない可能性もあります。公正証書遺言に比べ、遺言としての確実性は乏しいといえます。

（※）遺言書の保管場所について

　遺言書の保管場所については、被相続人以外が遺言書に手をつけることが難しく、かつ、被相続人の死後、相続人が容易に発見できる場所が望ましいです。

　具体的には、金庫に保管したり、信頼できる第三者（弁護士など）に預けておくのも一つの方法ですが、令和2年7月より法務局で自筆証書遺言を保管できる制度が開始されましたので、活用を検討してみてもよいかもしれません。

　手数料も1件につき3,900円と安価であり、遺言書を紛失するリスクもなくなるため、今後利用者の増加が期待されます。

Q17 遺言書には100%したがわなければならない

A17 基本的には、遺言書の内容が優先されますが、必ずしもすべて遺言書通りに分割しなければならないわけではありません。

解説

　被相続人の財産は、相続人に相続する権利がありますが、被相続人が相続人以外の第三者に財産を残したいと思った場合は、遺言書を作成することにより、その第三者に財産を承継させることができます。このことを「遺贈」といいます。

　「私の財産は、すべて愛人に譲る」といった遺言書が出てきたというようなケースが、よくテレビなどで聞かれるかと思いますが、基本的には、相続人ではない第三者に財産を残す旨が記載されている場合でもその遺言書は法的に有効です。

　しかし、相続人には遺留分という最低限の取り分があります。そのため、財産の全部を○○にあげると遺言書に書かれていても、相続人はその遺留分に相当する財産を最低限確保できるのです。

　また、遺言書内に書かれた人全員が合意することによって、遺言書の内容に関わらず遺産分割を行うことができます。

　遺言書通りに分割しない事例として、遺言書通りに分割してしまうと、相続税の計算をする際に相続税を安くする特例を取れなくなってしまうケースが挙げられます。

　この場合は、相続人全員の合意の下、基本的には遺言書の内容にしたがいながら、税金計算上のメリットを享受できるように遺産分割協議をすることで、遺言書とは違った形で分割することが想定されます。

 子は親が書いた公正証書遺言を公証役場で確認することができる

A18  　公正証書遺言は、公証役場で厳重に保管されます。そのため、子は親が書いた公正証書遺言を親の生前中に確認することはできません。

解説

　公正証書遺言の原本は公文書として公証役場で厳重に保管され、遺言者の死亡時まで他人の目に触れることは絶対にありません。

　子は遺言者が死亡した後であれば、公証役場でその有無を確認することができますが、遺言者が生きている場合には、本人のみ照会が可能とされています。

　なお、公正証書遺言を作成するためには、公証人以外に2人以上の証人が必要ですが、次の人は証人になることはできません。

① 　未成年者

② 　将来の相続人及び受遺者並びにこれらの配偶者及び直系血族

③ 　公証人の配偶者・四親等内の親族・書記及び使用人

　このように、将来相続によって財産を取得するであろう人、及び、その親族は、証人になることができません。

　そのため、証人は守秘義務のある専門家に立ち会ってもらうか、こちらで用意できない場合には公証人に手配してもらうことが一般的です。

　公証役場で公正証書遺言を作成すると、その原本は公証役場で厳重に保管されますが、原本とは別に正本と謄本というものが、遺言者本人に交付されます。

　正本は原本と同様の効果の持つものですので、信頼できる第三者に保管を依頼しておくことが望ましいでしょう。公正証書遺言を作成する場合、遺言執行者（※）を選任しているケースが多いですので、遺言執行者に保管を依頼するのが一般的です。

　謄本は、原本の単なる写しであり、正本ほどの効力はありません。ご自身で遺言内容を確認したい場合もあるでしょうから、ご自身で大切に保管しておくのも良いでしょうし、ほかに信頼できる人がいれば、遺言執行者とは別にその方に保管を依頼しておいても良いでしょう。

　なお、公正証書遺言の正本と謄本は万が一紛失した場合であっても、公証役場に依頼をすれば、再発行してもらうことができます。

　また、この正本と謄本は、公正証書遺言と全く同じ内容のものであるため、そこから子が遺言内容を確認することは可能です。子に遺言内容を知られたくない場合には、交付された当日に遺言執行者及び証人等の信頼できる人に保管を依頼することが望ましいでしょう。

（※）遺言執行者

　遺言執行者とは、遺言の内容を実現する人のことを言い、一般的には遺言者が遺言書の中で遺言執行者を指定します。遺言執行者に指定された者は、絶対に遺言執行者に就任しなければならないわけではなく、就任するか否かを選択することができます。

　遺言執行者に就任した場合には、相続財産の管理や遺言内容を相続人に通知するなどの職務を行うことになります。

　なお、遺言執行者になるために特別な資格等は必要ないため、相続人が就任することも可能ですが、その職務を行うには専門知識を要するため、一般的には司法書士、弁護士などの専門家が就任するケースが多いです。

 遺言より家族信託の方が安全・確実である

A19 ホント　遺言は、相続開始後に誰にどの財産をあげるかを決めたものであり、また、相続人全員の同意があれば、遺言の内容を覆すことができます。他方で、家族信託は、信託の目的を生前から相続後まで長期間にわたって維持する契約であるため、確実に財産を承継させることができます。

解説

　家族信託とは、自分が生きている間に、自分や家族のために財産をどう役立てるかということを決めることで、委託者（例えば父）が、受託者（例えば息子）に対して、土地などの財産を移転し、受託者（息子）はその財産を受益者（例えば父）のために管理・運用・処分などをする制度です。

　家族信託をすると、財産の名義は受託者（息子）に変更されますが、例えば、財産が高齢である父名義のままである場合、その父が意思能力を失ってしまうと実質的に財産が凍結される（勝手に売却などしたりできない）のですが、財産の名義が受託者（息子）であれば、受託者（息子）が財産を処分することができます。しかし、財産を処分したのが受託者（息子）であるからといって、財産の処分から生じた利益は受託者（息子）ではなく、受益者（父）のものになります。また、このほか、財産の管理・運用から生じた利益も当然受益者（父）のものになります。

　家族信託を開始するためには、当事者双方に意思能力があることが前提とされます。家族信託は、委託者の家族が受託者を務める制度ですので、家族だけで行えることが特徴的です。

　また、家族信託は一度設定をすれば、仮に信託期間中に委託者（父）が認知症となったり、死亡した場合であっても委託者（父）の認知症や死亡が家族信託の終了事由でない限り、家族信託は継続されます。

　この場合、受益者である父がいなくなってしまいますが、家族信託は、財産から生じる収益の受益者を連続して定めることができます。例えば、今のケースで父が亡くなった場合には、次に配偶者（母）を受益者とし、母が亡くなった場合には長男を受益者とするといった連続した承継を指定することができます。また、財産の最終的な取得者を契約によって定めることもできます。

　そのため、ご両親が高齢でありご自身で財産の管理ができなくなる前に、いずれその財産を引き継ぐ息子が受託者となって息子に財産を移転し、受託者となった息子が財産の管理・運用をして、受益者である父や母に運用益等を給付することができる仕組みは、現代社会にとって有効な財産管理方法の一つです。

　しかし、家族信託にもできないことがあります。家族信託では介護・医療契約といった身上監護はできません。

　また、上記のような長期間にわたる管理・運用等ができるのは、信託契約を結んだ財産のみであり、それ以外の財産についてはその対象とすることができません。

　したがって、父や母本人の保護、他の財産のその後の行方まで考えた場合には、家族信託、成年後見人制度、遺言、どれか一つに絞るのではなく、これらを組み合わせて対策を講じることが効果的であると考えられます。

keyword　遺留分・寄与分

Q20 遺言書があれば遺留分侵害をしても許される

A20  遺留分は、相続人の最低限の絶対的な取り分です。そのため遺言書があったとしても、遺留分を侵害された他の相続人から遺留分請求があった場合には、遺留分を侵害した者は、その他の相続人に対し遺留分相当の金銭を支払わなければなりません。

長男にたくさん相続させたい…

老後面倒をみるよ

の遺留分に注意してね

私の分は？

遺留分の請求期限

相続の開始と侵害額請求すべき贈与や遺贈があったことを知った時から**1年**

相続の開始から**10年**

解説

　被相続人が死亡した場合、残された遺族の生活を保障すべきという趣旨の下、相続人には最低限の取り分が権利として保証されています。この権利を「遺留分」といいます。なお、被相続人との関係が、その配偶者や子に比べて薄いと考えられる兄弟姉妹には遺留分はありません。

　遺留分は、法定相続分の2分の1と定められているため、例えば「私の財産のすべてを愛人に譲る」といったような遺言書が発見された場合であっても、被相続人の配偶者と子は、その愛人に対し、それぞれ法定相続分の半分を返せと主張することができます。

　なお、遺留分の請求期限は、相続の開始等を知った日から1年間以内とされています。また、相続があったことを知らなくても相続開始の時から10年経過した場合には、遺留分を請求する権利は消滅しますので、ご注意ください。

Q21 孫への生前贈与は遺留分から除外される

A21  孫への生前贈与によって、遺留分が侵害されている相続人がいる場合には、孫はその相続人から遺留分を請求される可能性があります。

解説

Q20. 遺言書があれば遺留分侵害をしても許される（P69）で述べた通り、遺留分とは、残された遺族（相続人）の最低限の生活を保障するための権利であり絶対的な取り分です。孫への生前贈与に対しても当然に遺留分の請求が行われる可能性はあります（孫であるからといって、特別扱いされることはありません）。

重要なポイントとして、孫が祖父母の相続人でない場合には、相続開始前１年内に行われた贈与が遺留分の請求対象とされますが、孫が祖父母の相続人である場合には、相続開始前10年内に行われた贈与が遺留分の請求対象とされ、その範囲が拡大します。孫が祖父母の相続人となるケースとしては、「孫を養子縁組した場合」や「孫が代襲相続人（※）となる場合」が想定されます。

遺留分の請求は、一般的に自分の遺留分が侵害されていると知ったときに行われます。孫が祖父母から遺言によって財産を取得する（遺贈を受ける）場合には、遺言執行者によって遺言内容が明らかにされ、誰がどの財産をいくら取得するかを相続人に通知するため、「孫が財産を取得するタイミング」と「他の相続人が遺留分侵害を知るタイミング」は通常一致します。

他方、孫が祖父母から生前中に贈与によって財産を取得する場合、他の相続人が遺留分侵害を知るのは、相続が発生し被相続人の財産などを調べているときです（生前贈与された財産は当然に遺言書には記載されないため、遺言書の内容のみでは過去に孫へ生前贈与を行ったか否かの事実を確認することはできません）。具体的には、被相続人の過去におけ

る預金の入出金を確認しているときなどに、生前贈与が行われていた事実を知るケースがあります。したがって、生前中に祖父母から贈与を受けた孫が、養子縁組によりその祖父母の相続人となっている場合には、贈与を受けた時から相当の期間を経た後に、他の相続人から遺留分を請求される可能性があります（養子縁組していなければ、遺留分の請求対象とされる生前贈与は相続開始前1年以内に限定されるため、遺留分請求されるリスクは低くなります）。

遺留分の請求が行われると、生前贈与によって財産を取得した孫は、その請求を行った相続人に遺留分相当の財産を返さなければなりません。その際、返却の手段として、原則的には金銭で返さなければならないこととされています。例えば、生前贈与によって取得した財産が不動産である場合、その不動産を返すのではなく、自分で金銭を用意してその金銭で返さなければなりません。

生前贈与でもらった財産が不動産であるにもかかわらず、突然お金で返せと言われても返せない場合には、不動産で返却することも可能です。ただし、不動産で返却した場合には、その不動産を売却したものとみなされるため、譲渡所得税（住民税を含む）が発生する可能性に注意する必要があります。納税負担が重い場合には、不動産等の現物財産で返済することに代えて、裁判所に申立てを行い一定期間の返済猶予が認められれば、少しずつ金銭で返済することも可能です。

相続税対策の一環として行った孫への生前贈与が原因で、親族間の争いに発展しないよう、遺留分の観点から他の相続人とのバランスに十分配慮しつつ財産を分けていくことが肝要といえます。

（※）代襲相続人とは、相続人となるはずであった子などが、被相続人より先に死亡した場合などに、その者に代わって相続人となる者をいいます。

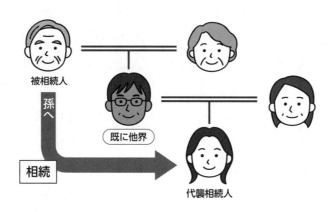

Q22 故人の介護をした親族にも相続権がある

A22 　長男の妻が義理の父母の介護に献身的に携わり、亡くなるまで面倒を見た場合であったとしても、現在の法律上、その長男の妻に相続権はありません。しかし、特別寄与料の請求という形で相続人に金銭を請求することができます。

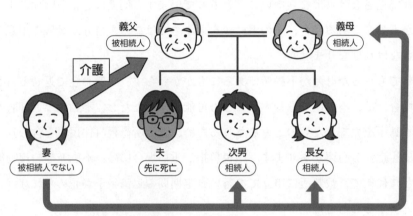

特別寄与料の請求

解説

　仮に、長男の妻が、献身的に夫の両親（義理の両親）の世話や介護に最期まで携わったとしても、無情ではありますが、その妻は義理の両親の相続人になることができないため、義理の両親から財産を相続することができません。例えば、夫を亡くした妻が義理の母を最期まで見届けようと、義理の母の家に同居し亡くなるまで献身的に介護したとします。妻は義理の母の相続人ではないため、同居していた家を相続する権利はなく、最悪の場合、家を引き継いだ相続人から出ていけと言われれば、妻はその同居していた家から出ていかざるを得ません。

　そこで、亡くなった方に献身的に尽くした家族の権利を保護する観点から、相続人以外の親族が無償で被相続人を介護していたことなどにより、その被相続人の財産の維持又は増加について特別の寄与をしたと認められる場合には、その親族（特別寄与者）は相続人に対して金銭の支払いを請求することができます。これを特別寄与料制度といい、2019年7月1日から新たに施行されました。

　特別寄与料制度は、被相続人に特別に貢献した相続人以外の親族に相続権を保証するも

のではありません。したがって、その親族は相続人として遺産分割協議に参加することはできませんが、特別寄与が認められる場合には、事後的に相続人に対し金銭を請求することができる仕組みとされています。なお、本制度は親族に限定されているため、家政婦や事実婚の妻などは認められません。

特別寄与料（金銭）を請求する際の重要なポイントは、特別寄与者が被相続人に対して特別の寄与を行っていたという事実を相続人に認めてもらうことです。そのため、単に病気の時にお見舞いに行っていたという程度では特別の寄与は認められず、寄与の期間や程度などを相続人に認めてもらえるよう、介護日誌など証拠となる書類を備えておくことが重要です。

また、特別寄与料の額については、特別寄与者が自ら主張し、請求する必要があります。請求できる金額としては、介護人を雇うべきところその特別寄与者が介護をしたために費用負担を抑えることが出来た金額や、特別寄与者自らが介護のために支出した費用の金額などです。支出した費用の証明のみならず、被相続人の財産を横領した事実が無いことを証明するためにも、請求書や領収書などは必ず保管しておくことが重要です。

仮に、特別寄与料を請求しても相続人がそれを認めてくれない場合、あるいは協議自体を拒むような場合には、当事者同士での解決を望むことはできないため、家庭裁判所に協議に代わる処分を請求することができます。

特別寄与料制度の創設により、相続人以外の親族（義理の息子又は娘など）において、被相続人に対する貢献が法的に評価され、一定の権利が保護されるに至ったことは一歩前進したといえますが、特別の寄与を自ら立証しなければならず、それをいくらで請求するかは難しい問題であるといえます。また、相続人に対し金銭を請求する行為は、それなりの心理的な負担が伴うとも考えられます。本制度を活用する前に、先ずは、義理の父母は、特別寄与者である義理の息子や娘の労をねぎらい、「贈与」、「遺言」又は「養子縁組」といった形で将来の安定した生活を保証するための対策を生前中に検討しておくことが望ましいでしょう。

Keyword　**預金・株式など**

Q23 亡くなる前に預金口座から現金を引き出せば相続税はかからない

A23 　被相続人の預金口座から引き出した現金が相続時に残っていた場合には、その現金は相続税の課税対象とされます。

解説

　被相続人の相続財産に含まれる現預金は、なにも相続時現在の預金残高に限られるわけではありません。被相続人の亡くなった日における現預金のすべてが相続財産として取り扱われます。したがって、被相続人が亡くなる前に被相続人の預金口座から現金を引き出していたとしても、その現金が相続時に残っていれば、被相続人の現預金として相続税の課税対象とされます。

　よく耳にする話として、「被相続人の容態が思わしくない、このまま亡くなってしまうと預金口座が凍結され、葬儀費用などを引き出せなくなってしまう。亡くなる前に引き出しておこう。」と考えて、亡くなる直前に被相続人の預金口座から葬儀代に充てるための現金をまとめて引き出すケースが見受けられます。この場合、亡くなる前に口座から引き出した現金は相続財産に含まれますが、葬儀代に使った部分は被相続人のマイナスの財産として取り扱われるため、相続税の計算上、相続財産からその葬儀代相当額を控除することができます。

　したがって、亡くなる前に預金口座から引き出した現金のうち葬儀代に充てた分は実質的に相続財産に含まれず、余った部分が相続税の課税対象とされます。

　なお、被相続人が亡くなる前に預金口座から引き出した現金を意図的に相続財産に含め

なかった場合には、税務当局から財産隠しと認定され、重いペナルティが課されますので十分に注意する必要があります。

　これに加えて、いわゆる「タンス預金」にも十分注意する必要があります。被相続人のタンス預金は、当然に相続財産として取り扱われますが、相続人がその存在を知らないケースもあり、相続税の申告を行う上で、意図せず相続財産として計上されない（相続税申告から漏れてしまう）ことがあります。タンス預金が税務調査で見つかった場合、例え相続人に悪意がなく本当にその存在を知らなかったとしても、税務当局は意図的な財産隠しとして認定してくるケースは珍しくありません。この場合、先述した通り、重いペナルティが課される可能性がありますので十分に注意する必要があります。

　ところで、現在の法律では、被相続人が亡くなり、仮にその後預金口座が凍結された場合であっても、一定額までは引き出すことが可能であるため、慌てて預金口座から現金を引き出す必要はありません。

Q24 専業主婦の預金は夫の相続財産になる

A24 **ホント** 夫のお金を預かっているだけと判断され、相続財産として取り扱われる場合があります。

解説

　妻が専業主婦である場合、妻ご自身の力で多額の財産を形成するには限界があると思われます。

　例えば、普段の生活費については夫が稼いだお金を原資としつつ、妻が創意工夫してやり繰りする中で生活費を切り詰めるなどして、浮いたお金を妻名義の口座にへそくりとして貯金していたとします。当然そのへそくりは元々夫が稼いだものであり、妻のものではありません。そのため、夫が亡くなったときに、妻の預金口座に多額のお金が残っていると、それは夫の相続財産であると税務署から指摘されてしまう可能性があります。

へそくり

　もちろん、夫と結婚する前に妻がご自身で貯蓄した預金は、妻の固有の財産として取り扱われますので、妻の預金口座に預け入れられたすべてのお金が夫の相続財産として認定されることはありません。ただし、結婚後、夫の稼ぎによって増加したと認められる部分の預金は、夫の相続財産として取り扱われる可能性がある点には注意する必要があります。

　他方で、夫が専業主婦である妻に家庭を任せて思い切り外で働けるのは、妻の内助の功によるところが大きく、その意味においては、夫が稼いできたお金は夫婦共同で築き上げた財産であると捉えることもできます。家計を助けるため、必死でやり繰りした妻の努力が認められないのは不合理であるため、夫婦間における生活費の贈与に対しては原則的には課税されません。

　したがって、税務署から無用な指摘をされないためにも、夫から月々もらっていたお金は、生活費の原資であるという旨の証跡を残しておくことが望ましいといえます。具体的

には、夫の預金口座から現金が引き出されたときに、預金通帳に「生活費として」などと記しておくことがよいでしょう。これによって、妻が夫から月々もらっていたお金は妻のものであると主張し易くなるため、夫が亡くなったときに、妻の口座に残っていたお金が夫の相続財産として認定されるリスクが低減されると考えられます。

　しかし、夫からもらっていたお金が、あまりにも高額であると認められる場合には、夫の相続財産として取り扱われる可能性が高くなると考えられます。夫婦間で受け払いされていたお金が生活費の原資であるからといって、いくらでも良いというわけではありません。社会常識に照らし合わせて、各家庭の生活水準に見合った額を検討する必要があるといえます。

 相続した上場株式は亡くなった日の終値で評価する

A25 ウソ 必ずしも、亡くなった日の終値で評価する必要はありません。

解説

　上場株式を相続した場合、その上場株式については、次に掲げる４つの株価のうち最も低い価額で評価することとされています。

① 　亡くなった日の終値

② 　亡くなった月の終値の平均

③ 　亡くなった月の前月終値の平均

④ 　亡くなった月の前々月の終値の平均

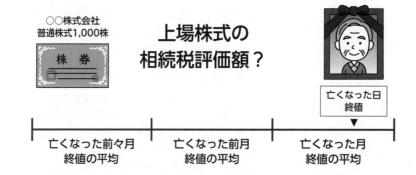

　株価は、経済情勢や市場環境その他様々な要因で突然急上昇あるいは急降下することがあります。偶然、お亡くなりになった日に株価が急上昇した場合、仮にその日の株価で相続した上場株式を評価すれば、相続税の負担が不当に増すため、これを未然に防ぐ観点から、直近３か月の株価のうち最も低い価額で評価してよいこととされているのです。そのため、必ずしも亡くなった日の終値で評価する必要はありません。

　上場株式を実際に評価する場合の手続きとしては、まず、その上場株式を保管している証券会社へ問い合わせ、被相続人の亡くなった日現在における上場株式の残高証明書を発行してもらいます（被相続人が保有していた株数を確認します）。その残高証明書に株価が記載されていなければ、別途、証券会社へ上記①〜④の株価を問い合わせるか（相続税の計算に必要である旨を伝えると親切に対応してくれる証券会社は少なくありません）、あるいは、「東京証券取引所日報」などにより上記①〜④の株価をご自身で確認します。

　なお、株式の数には「1株未満の端数」が生じている場合があります。相続税の申告ではこの端数も課税対象とされるため、残高証明書にその端数の記載がなければ、申告漏れが生じない様、信託銀行から発行される配当通知書を確認するなどして対応する必要があります。

　ところで、上場株式を保有している株主には配当金が支払われます。被相続人が配当金を受領する直前に亡くなった場合、その亡くなった時点で既に被相続人に支払われることが確定していた配当金も相続財産に含まれますので、申告漏れが生じない様、注意する必要があります。

Q26 スイス口座の預金や外国株式には相続税がかからない

A26 日本の相続税は、全世界にあるすべての財産に対して課税されることになっているため、スイス口座の預金や外国株式も相続税の課税対象とされます。

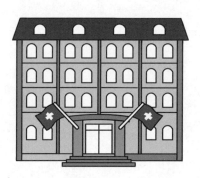

解説

　日本の相続税は、基本的に日本に所在する財産だけではなく、国外に所在する財産に対しても課税されるため、海外預金や外国株式も相続税の課税対象とされます。

　国外にある財産については、仮に申告から漏れていたとしても、判明しづらいのではないかと思う人も少なくないかもしれません。しかし、近年においては、ITの発展や国際協調を通じ、課税の公平性及び透明性はグローバルレベルで浸透しています。また、国際的な情報リークも見逃せません。

　みなさんも「パナマ文書」という言葉を耳にしたことがあるのではないでしょうか。このパナマ文書もリークの一つです。パナマ文書とは、タックスヘイブンと呼ばれる租税回避地国を各国の富裕層が利用し、租税回避を行っていた実態を明るみにした文書です。この文書には、各国の著名な政治指導者なども名を連ねていたそうです。このような、国際的な租税回避をリークする文書は他にもあり、こういった度重なるリークによって国際的租税回避が政治問題化し、国際的な情報交換ネットワークの構築などにつながったとされています。

　また、近年では、税の透明性を確保するための国際協力が進み、非居住者の金融口座情報を各国の課税当局間で共有するための報告基準も整備されています。自国に置かれた他国の納税者の財産から、他国の租税を徴収し、送金するといった仕組みも構築されています。

　このような時代の潮流の中、日本からスイスの口座にお金を移した場合どうなるか、考えてみましょう。

　日本からスイスへお金を移す方法としては、一般的に、日本の銀行口座からスイスの口座へお金を送金する手法が想定されます。日本の税務署は、金融機関の取引履歴を調べることができます。被相続人の預金口座からお金が引き出されているにもかかわらず、日本の他の預金口座に入金記録が確認されない場合、日本の税務署は、その引き出されたお金をどこかに隠しているのではないかと考えるはずです。そこで、日本とスイスとの間で国際的な連携を図ることができれば、日本の税務署はそのお金がスイスの口座に移されている事実を確認することができます。そのお金が相続税の申告から漏れていれば、間違いなく税務調査で追徴課税の対象とされるでしょう。この場合、悪質であると認められれば、仮に相続人がそのお金の存在を本当に知らなかったとしても、重いペナルティが課される可能性があるので注意が必要です。

　スイスと聞くと税金天国というようなイメージを、また、スイスの銀行と聞くと秘密主義というイメージを思い浮かべるかもしれません。しかし、各国の課税当局間における国際的な連携及び情報交換は、以前に比べれば飛躍的に進展しているため、海外口座にお金を移したとしても、高い確率で日本の税務署によって情報を捕捉されます。財産を隠すために、安易な気持ちで海外口座を活用するのは禁物といえるでしょう。

Keyword　保険

Q27 預金で残すより保険で残した方が相続税は安くなる

A27 死亡保険金のうち、「500万円×法定相続人の数」までは非課税となります。

預金2,000万円の場合	生命保険2,000万円の場合

非課税1,500万円
500万円×3人

相続財産 500万円

預金 2,000万円 → 相続財産 2,000万円

保険金 2,000万円

解説

　保険契約者（保険料負担者）、被保険者が被相続人である死亡保険金は、民法上は相続財産には含まれませんが、相続税を計算するうえでは、相続財産とみなされます。

　死亡保険金は、残された家族の生活保障の観点から、「500万円×法定相続人の数」が非課税とされています。死亡保険金のうち非課税額を超えた部分が相続財産に含まれることとなります。なお、死亡保険金と一緒に配当金、割戻金、前納保険料、未経過保険料が振り込まれることがありますが、こちらも非課税の対象に含まれることとなります。一方特約還付金、生存保険金、入院給付金については、非課税の対象とはなりません（本来の相続財産に含まれます）。

　ところで、死亡保険金は保険契約者と被保険者の組み合わせにより課税される税目が異なります。具体的には以下の表の通りです。

被保険者	保険料負担者	受取人	税金の種類
被相続人	被相続人	配偶者	相続税
	配偶者	配偶者	所得税
	配偶者	子	贈与税

Q28 生命保険金は遺産分割協議の対象外になる

A28 ホント 生命保険金は相続財産に該当しないため、遺産分割協議書への記載は不要となります。

【現金で残す】

遺産分割協議（相続人全員の同意）が必要

【生命保険で残す】

生命保険金は、受取人固有の財産のため、遺産分割協議の必要なし

解説

　生命保険金は被相続人の財産（相続財産）ではなく、保険契約に基づき受取人が受け取るものであるため、受取人固有の財産として民法上は相続財産には含まれません。

　そのため、生命保険金は遺産分割の対象とならず、遺産分割協議書への記載は不要となります。また、保険金受取人を遺産分割協議書で変更することもできません。

　預貯金の場合には金融機関が死亡の事実を確認すると、口座名義人である被相続人の預貯金は直ちに凍結されてしまい、 Q23. 亡くなる前に預金口座から現金を引き出せば相続税はかからない （P74）にある通り、一定金額までは引き出すことができるものの、それ以外の部分については遺産分割協議がまとまるまで引き出すことができなくなってしまいます。

　しかし、死亡保険金は遺産分割協議がまとまらなくても、受取人が書類を整えて保険会社に提出し、不備がなければ保険会社に到着してからおおむね5営業日程度で支払われます。

　相続が発生すると葬儀費用などまとまった現金が必要となりますので、相続人に手持ちの現金が少ない場合には、生命保険は心強い味方になるでしょう。

　また、生命保険金は被相続人の財産でないため、相続を放棄した相続人の場合でも、生命保険金の受取人になっていれば生命保険金を受け取ることができるので、生命保険は色々な意味でメリットがあると言えます。

Q29 被相続人が被保険者ではない保険契約も相続税の対象になる

A29 ホント　被相続人が被保険者でない保険契約の保険料をその被相続人が負担していた場合には、その保険を解約したと仮定した場合に返ってくる金額（解約返戻金相当額）がその被相続人の相続財産とされ、課税の対象になります。

掛け捨てタイプの生命保険契約については、解約返戻金がないため相続財産とはなりません。

解説

　保険契約者（保険料負担者）が被相続人、被保険者が被相続人以外の人である保険契約については、被保険者が亡くなったわけではないため、この時点では保険金は発生しません。

　しかし、相続開始日において仮にその保険契約を解約した場合に、保険料を支払っていた被相続人に返ってくる金額は、被相続人がもともと持っていた財産と判断され、相続財産に含まれます。これを生命保険契約に関する権利といいます。

　生命保険契約に関する権利は本来の相続財産に該当するため、遺産分割協議の対象となります。遺産分割協議がまとまったら、保険会社に連絡して、保険契約者の変更手続きを行うようにしてください。

　なお、この生命保険契約に関する権利の評価は死亡保険金でないため、 Q27. 預金で残すより保険で残した方が相続税は安くなる （P82）の非課税制度の適用はありません。

被保険者	保険料負担者	財産の種類
被相続人	被相続人	生命保険金
配偶者	被相続人	生命保険契約に関する権利

Q30 孫を保険受取人にすると余計な相続税がかかる

 A30 ホント　相続人でない孫が死亡保険金を受け取った場合には、相続税の非課税の適用はありません。

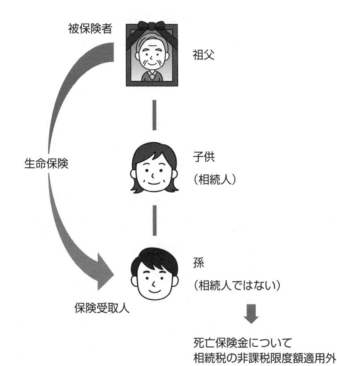

被保険者

祖父

子供
（相続人）

生命保険

孫
（相続人ではない）

保険受取人

死亡保険金について
相続税の非課税限度額適用外

解説

　保険契約者、被保険者が被相続人である死亡保険金を相続人が受け取った場合には、「500万円×法定相続人の数」が非課税とされていますが、相続人以外の人が受け取った場合には、上記の非課税制度の適用はありません。したがって、その死亡保険金の全額が相続税の対象となります。

　また、相続人でない孫が相続財産を取得した場合には、P35の通り、その人の相続税が2割加算されます。

　したがって、孫を保険受取人にすると子供を保険受取人にするよりも余計な相続税がかかります。

Keyword　**不動産**

Q31 相続税がかからないなら不動産の名義変更は必要ない

A31 名義変更は義務ではありませんが、不動産の売却や次の相続ま でを見据えて、名義変更しておくべきでしょう。

解説

　相続が発生し、被相続人が保有していた不動産を相続人が取得した場合、通常は遺産分割協議が終了したのちに名義変更を行います。しかしながら、名義変更には費用がかかるということもあってか、放置されてしまう事もあり、また、遠隔地に存在する不動産については そもそも存在していることすら知らなかったというケースもよくあります。

　不動産の名義変更とは、具体的には不動産の所有権を被相続人から相続人へ法務局で登記手続きすることをいいます。これを所有権移転登記といい、この所有権移転登記をしないと第三者に自分のものだと主張することができません。

　つまり不動産の買主は、登記簿に登記された段階ではじめて所有権を主張することができるということで、お金を払って不動産を購入したとしても所有権移転登記がされていなければ、仮に不法占拠等が行われたとしても権利の主張ができないという事になります。

　不動産を業者から購入した場合は、不動産の引き渡しが行われると同時に所有権移転の登記を行うのが通常ですが、相続となると登記までの道のりは長く、なかなかスムーズにいかないケースもよくあります。

　遺言書がある場合は比較的早く登記ができるのですが、そうでない場合はまず被相続人の財産確認から始まるため、全ての財産を把握するまでに相当な時間がかかりますし、あるいは、遺産分割協議がまとまらないというケースもあるでしょう。

　基本的には不動産の登記をしていなくても、法的な所有権は相続人にあり、遺産分割協議が終了しなくても使用自体は可能で当面は不都合を生じないため、そのままとなってしまうケースも見受けられます。

　また、不動産に限らず、存在していることすら知らず後々になって財産の存在を把握するという事もよくある話で、本当は相続人が所有する権利のある不動産について仮に不法占拠をされてしまったとしても、登記がされていない場合は権利の主張をすることができません。

　後々になって登記をしなければならないようなケースでは過去の経緯をすべて追う必要があり、関連者すべての登記簿謄本を取得する必要があるなど相当大変な作業になります。最悪所有権者が誰であるか不明となってしまうことも考えられますので、費用がかかる、あるいは面倒といった理由で登記をしないのは極力避けるべきでしょう。

　不動産は所有しているだけで税金がかかりますが、遊休となっている不動産であれば売却してしまうのも良いですし、寄附などに利用することもできますので、しっかりと登記を行って、有効活用された方が被相続人も喜ぶことでしょう。

※現時点では名義変更の義務はありませんが、2023年の施行に向けて義務化の検討がされております。

Q32 配偶者は相続後も必ず自宅に住み続けられる

A32 　配偶者は必ずしも自宅に住み続けられるとは限りません。ただし、自宅を相続するか、配偶者居住権を得ることができれば自宅に住み続けることができます。

解説

　配偶者居住権とは、夫婦で住んでいた自宅について、配偶者が亡くなった後も、もう一方の生存配偶者が引き続き同じ家に住み続けられるようにする権利です。被相続人の相続において配偶者が自宅の所有権を失ったとしても、配偶者であれば引き続き無償で住み続けることができます。

　以前は所有権と居住権は切り離せない関係でしたので、配偶者は遺産分割協議で自宅の所有権を相続できなかった場合、退去せざるを得ないケースもありました。

　また、自宅を相続することができた場合であっても、生活費の不足という問題が生じるケースもありました。例えば、被相続人の相続財産が自宅2,000万円と現預金3,000万円で、配偶者とその子で分割をする場合、法定相続分は各２分の１となりそれぞれの取得する財産は2,500万円となるため、自宅を相続した配偶者が相続できる現預金は500万円だけということになってしまい、今後の生活に不安を残すこととなります。

　そこで自宅と生活費の双方を守るために配偶者の権利を強化し、配偶者居住権が創設されたというわけです。

　配偶者居住権は遺産分割協議で他の相続人の同意を得ることにより取得することができます。また、登記することが必要になりますので、登記をしていない場合には権利を主張することができませんので、ご注意下さい。

　なお、配偶者が自宅に住み続けられるもう一つの方法として生前贈与の活用が考えられます。税制上の優遇措置として20年以上連れ添った夫婦で自宅の贈与があった場合には、2,000万円まで非課税となる制度がありますので、活用を検討してみても良いかもしれません。

配偶者居住権創設前	配偶者居住権創設後

配偶者居住権創設前

配偶者

自宅：2,000万円　　現預金：500万円

子

現預金：2,500万円

配偶者居住権創設後

配偶者

居住権

自宅：1,000万円　　現預金：1,500万円

子

所有権

自宅：1,000万円　　現預金：1,500万円

Q33 自宅の土地には相続税はかからない

A33 　自宅の土地であれ何であれ、基本的には全ての財産が相続税の対象になります。

　ただし、自宅の土地については小規模宅地の特例制度の適用がありますので、結果的に相続税がかからない可能性はあるかもしれません。

解説

　小規模宅地の特例は、被相続人又は被相続人と生計を一にしていた親族の居住の用に供されていた土地等について、土地の評価額から最大で80％減額される制度であり、非常に恩恵の高い制度です。

　なお、相続税がかからないケースでも、小規模宅地の特例は「相続税の申告書を提出している」ことが適用のための要件になっています。

　そのため、「きちんと申告していれば相続税がかからなかったのに、申告をしなかったために追徴課税がされた」という事になる可能性もあるため、十分注意が必要です。

小規模宅地等の特例

土地の種類	相続する人	減額割合
特定居住用宅地等	配偶者 持ち家なしの別居家族 同居、又は生計を一の親族	330m²まで80％減額

Q34 不動産を買うなら銀行借入した方が相続税は安くなる

A34 　一般的に、相続財産は現金で保有しているより、不動産の形で保有している方が相続税は安くなりますが、これは借入金の有無により評価が下がるというわけではありません。

解説

　不動産の相続税評価額は一般的に購入価格よりも低くなるため、相続財産の額を減らす効果（圧縮効果）があります。また、相続発生時に借入金がある場合、その借入金は債務控除として相続財産から差し引くことができますので、不動産を買うなら銀行借入した方が相続税は安くなると思われるかもしれません。

　しかしながら、実際のところ借入金の有無によって相続財産の総額が変わるという事は有りません。

　図1が銀行借入を行わずに、手元の現金1億円によって不動産の購入をした場合の相続財産の圧縮イメージですが、この場合もともと1億円の相続財産であったものが、相続税の計算上は約3,000万円に圧縮されることになるため、相続税の節税効果があるという事になります（評価圧縮については Q36. タワーマンションは住むより貸した方が相続税は安くなる （P94）参照）。

　一方、図2が借入金で不動産を購入した場合のイメージとなりますが、1億円の借入を行った時点で現金と借入金が両建ての状態となり、その後は現金で不動産を購入するのと評価上は何ら変わることは有りません。

　したがって、相続税対策という意味では、あくまで不動産で保有している場合の圧縮効果という観点で考えるべきであって、借入金の有無は関係ないという事になります。

　相続税対策以前の問題でありますが、借入金の返済は基本的に不動産の家賃収入から支払うことになりますので、不動産に空き室があるようなケース、若しくは自然災害や老朽化などで多額の修繕費が必要となるケースもあり、返済が追い付かなくなる可能性があります。また、将来不動産を売却する場合に、売却価格が購入価格よりも落ちてしまう、あるいは、買い手が見つからないといった可能性もあり得ます。

　相続税の節税は成功したとしても、手元の現金がなくなってしまっては意味が無いため、不動産の購入による節税を検討されるのであれば慎重に行うべきです。

　相続税対策で不動産の購入をすること自体は悪いことではなく、多額の圧縮が見込める

という点では非常に効果的な方法となりますので、現金での購入、あるいは借入金での購入のいずれの場合であっても、しっかりと家賃収入が見込めるのか、あるいは将来の買い手が見つかる場所であるかどうかなどを見極めることが最も重要です。

図1　銀行借入無し

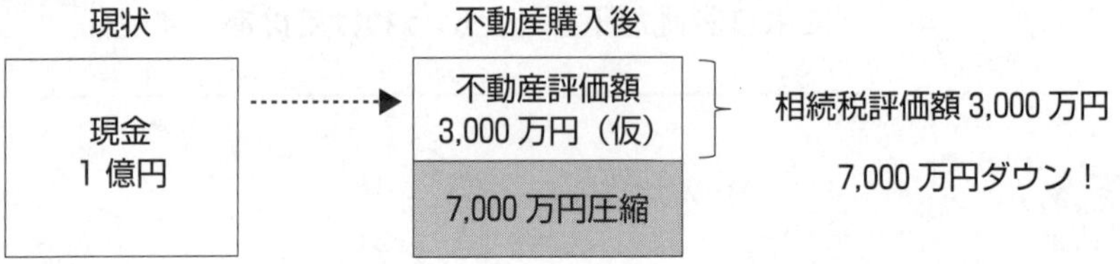

現状　　　　　　　　　　　不動産購入後

現金
1億円

→　不動産評価額
3,000万円（仮）

7,000万円圧縮

相続税評価額 3,000万円

7,000万円ダウン！

図2　銀行借入有り

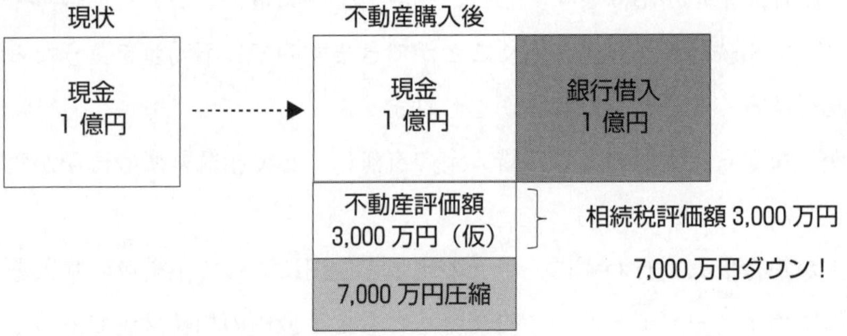

現状　　　　　　　　　　　不動産購入後

現金
1億円

→　現金
1億円　　　銀行借入
1億円

不動産評価額
3,000万円（仮）

7,000万円圧縮

相続税評価額 3,000万円

7,000万円ダウン！

空地よりコインパーキングの方が相続税は安くなる

 空地となっている土地を有している場合、その土地は最も高い評価額になります。空地をコインパーキングにすることで相続税を節税することが可能です。

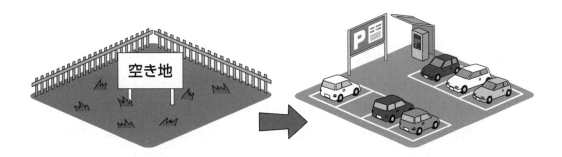

解説

　相続税における財産評価では土地はどのように利用されているかで評価額は変わってきます。所有者本人が自分自身で利用している土地を自用地といい、財産評価上は最も高く評価されます。

　空地の場合も所有者本人が自由に利用できる状態と同視できるため、自用地として評価をすることになっていますが、これをコインパーキングにすることで相続税を節税することができます。

　なぜ、コインパーキングにすることで節税になるのかというと、相続税の負担を大きく減少できる小規模宅地の特例が使えるようになるためです。

　小規模宅地の特例を使うためには「建物又は構築物の敷地の用に供されているものであること」という要件があるため、アスファルト敷きにする、車止めを設置する、集金マシンを用意することなどが必要になります。単に駐車エリアをロープなどで囲ったような貸駐車場（いわゆる青空駐車場）は、小規模宅地の特例の適用はできないため注意が必要です。

　なお、コインパーキングは設置が容易であり、相続開始直前に即席に対応することが可能であることから、相続開始前3年以内に設置したものは小規模宅地の特例が適用されないことになっていますので、早めに検討しておくことが肝要です。

Q36 タワーマンションは住むより貸した方が相続税は安くなる

A36 　タワーマンションの相続税評価額は購入価額より大幅に低くなります。さらに不動産は貸し出すことにより評価額を引き下げることができるため、タワーマンションは購入後、住むよりも貸し出した方が相続税は安くなります。

解説

　相続財産はお金で残すよりも不動産で残した方が相続税は安くなります。なぜなら、土地は主に路線価を用いて評価することになるため時価よりも約２割低くなり、建物は固定資産税評価額を用いて評価することになるため時価よりも約４〜５割低くなるためです。さらに土地については要件さえ満たせば小規模宅地の特例を適用することも可能です。

　このようにお金を不動産に変えることで相続税対策になるわけですが、マンションの場合には１㎡当たりの路線価評価額と固定資産税評価額がどの部屋も同じであり、低層階と高層階の評価は基本的に同じになるため、特に購入価格が高いタワーマンションの高層階については評価額の圧縮が大きくなります。そのため、タワーマンションの高層階は古くから相続税対策として使われていました。

　そのような背景から、2017年４月以降に販売されたマンションについて、20階以上の高層階部分に対しては、階が上がることに固定資産税評価額が高くなるように設定されました。とはいうものの、最大で１階と最上階の差は十数％程度なので、それでもなお実際の購入価額とは大きくかけ離れています。

　さらに、このタワーマンションの高層階の部屋を賃貸すれば相続税はより安くなります。相続税における財産評価では不動産はどのように利用されているかで評価額は変わってきます。賃貸にすることで、所有者が自宅のように自由に使うことができない不動産となります。そのため、相続税評価において貸付不動産は自己利用不動産よりも評価が低くなるのです。

◆　タワーマンションを賃貸に出した場合の評価減のイメージ

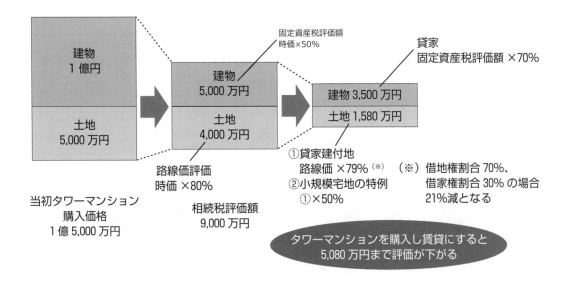

当初タワーマンション
購入価格
1億5,000万円

相続税評価額
9,000万円

タワーマンションを購入し賃貸にすると
5,080万円まで評価が下がる

Q37 リバースモーゲージで相続税が節税できる

 A37 ホント　リバースモーゲージにより借り入れた資金を生前に贈与しておくことで相続税対策に利用できます。

住居不動産を担保

利用者　　生活資金を融資　　融資機関

○△銀行

解説

　リバースモーゲージとは自宅を担保にお金を借りることができるローン商品です。大きな特徴は、この借りたお金は亡くなった際に返済すればよく、死亡時に自宅を売却し、その売却資金で返済するというものです。主に自宅を保有する年金暮らしの高齢者向け商品であり、借入後も自分はそこで自由に生活をしつつ、原則、借りたお金の返済は考えなくて良いというメリットがあります。相続人がみんな持ち家を持っているため自宅の引き取り手がいない、年金の不足分を補うことができる、不動産を残さないようにして相続人間での揉めごとを防ぐといった目的で活用されるケースが増えてきています。

　また、リバースモーゲージは相続税対策としても活用することができます。リバースモーゲージによる融資を受けるためには年齢、年収、エリアなどの要件があるものの、生活資金のほか、住宅の購入やリフォームの費用、住宅ローンの返済、レジャー費用などに幅広く使うことができます。そのため、この資金を生前に使い切るか、生前贈与をしておけば、借入金が残ることになり、債務控除の対象となるため相続税の節税になります。

　ただし、不動産を相続することができたはずの相続人の同意なしに適用することはできず、拒否された場合には適用できません。

Keyword　**趣味・道楽**

Q38 骨董品は専門家の鑑定評価額で申告しなければならない

A38 　　骨董品は換金価値があるのであれば、相続税の課税対象になります。骨董品の場合、素人には判断できない高額なものも存在するので専門家に鑑定評価をしてもらう必要があります。

解説

　相続財産については、一部の非課税財産を除き、すべて相続税の課税対象になります。

　骨董品は骨董品専門店やコレクターなどの存在により取引市場があるので相続財産に該当するのはもちろんですが、興味がない人にとっては一見ガラクタに見えるものでも驚くような値段になることもあるため、評価にあたっては専門家の意見を参考にするということになっています。

　そのため、専門家に鑑定書等を作成してもらい、その金額で申告を行うことになります。税務署は税務調査において骨董品を見つけた場合、鑑定書等がない骨董品については税務署が自ら専門家に依頼して、相続税申告書に記載された評価額が正しいかどうかを把握することもあります。

　なお、鑑定の結果、骨董品の価格があまりにも高額なものとなり相続税の支払ができなくなってしまうような場合には美術館などに寄附をすることで相続税の支払を回避することができます。相続税の法定申告期限までに、相続財産をそのままの状態で一定の団体に贈与をすれば、相続財産として含めなくてよいという取扱いがあります。

Q39 ゴルフ会員権は売れる金額で申告する

A39 ウソ　ゴルフ会員権は評価方法に一定のルールがあるため、いわゆる売れる金額での評価ではありません。

○△カントリー倶楽部
会員権

解説

　ゴルフ会員権とは会員制のゴルフ場を利用するための権利のことですが、市場取引がされており、換金価値があるということで相続財産に該当します。ゴルフ会員権には取引価格があるものと取引価格がないもの、株式方式のものと預託金方式のものと種類が様々ですが、いずれも評価金額は他の財産のように売れる金額での評価ではありません。ここでは取引価格がある預託金方式のゴルフ会員権を前提に説明をしていきます。

　まず取引価格があるゴルフ会員権は取引価格の70％相当額の評価となります。その理由として、ゴルフ会員権は売却するのに通常業者を通じて売却することになりますが、その業者ごとに販売価格がバラバラであることが多いなどの事情を鑑み、一定のディスカウントをするといったことがあげられます。そのため、複数の業者の取引価格を比較した結果、同じゴルフ場の会員権でも複数の取引相場がある場合も珍しくなく、そのような場合には、それらのうち一番安い取引価格を選定することができます。

　そして、取引価格があるゴルフ会員権が預託金方式の場合には、取引価格の70％相当額に預託金としてゴルフ場に預けている金額を加算する必要があります。なお、加算する預託金はすぐに返還されるか返還までに時間を要するかにより加算すべき金額が変わります。

取引相場のあるゴルフ会員権の評価方法

| 取引相場 | × | 70％ | ＋ | 取引相場に含まれない預託金がある場合はその現在価値 | ＝ | 相続税評価額 |

　このようにゴルフ会員権は単純に売れる金額で評価をするというわけではないため、ゴルフ場に諸々の確認が必要になります。

Q40 暗号資産（仮想通貨）にも相続税がかかる

A40 ホント　暗号資産（仮想通貨）も相続財産となります。

解説

　暗号資産（仮想通貨）は、インターネット上でやり取りされる電子的な資産で、代金の支払いに充てることや、円やドルなどと交換することもでき、価格も日々変動しています。

　また、これまで暗号資産（仮想通貨）の取引は金融商品取引法の規制対象とはなっていませんでしたが、改正後は「金融商品」の定義に暗号資産が追加されました。

　このような暗号資産は財産的価値があるため、相続財産に含まれます。

　評価金額は、取引所が公表する相続日における取引価額つまり市場価額で評価します。

　相続人は相続発生後、取引所に必要書類を送付して残高証明書を取得します。この残高証明書をもとに評価することとなります。

　したがって、どのような取引所で取引をしていたかがわからないと相続財産から漏れてしまう可能性があるため、相続という観点からは、家族と情報共有しておくのが望ましいと言えます。

※仮想通貨という呼称は、2019年５月に資金決済法等の法律の一部改正が成立し、国際的な呼称に合わせる形で「暗号資産」に変更されることとなりました。

Keyword　負債・借金

　クレジットカードの未払分は相続財産から控除される

A41 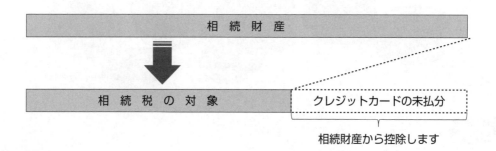被相続人から承継した債務はその負担分だけ相続財産から控除することができます。

相続財産から控除します

解説

　相続税の計算において被相続人の債務を承継した場合には、その負担分は相続財産から控除できることになっています。これを債務控除といいます。

　対象となる債務は、保証債務や連帯債務のような返済義務が確定していないもの（一部例外はありますが）ではなく、確実に支払う義務があるものに限られています。そのため、借入金のような明らかな債務のほか、相続開始時点でまだ支払が行われていない、又は、支払期日が到来していない費用も含まれるので、被相続人が決済を済ませていなかったクレジットカードの未払分は確実な債務として債務控除が可能です。

　ただし、その中にお墓や仏壇といった相続税の対象にならない非課税財産の購入に係る未払分がある場合には債務控除ができませんので、内容を必ず確認する必要があります。一般的に水道・ガス・電気、電話代などの公共料金、老人ホームや介護施設等の使用料等がクレジットカードの未払分として出てくることが多いですが、これらはもちろん債務控除の対象となります。

◆　補足

　被相続人の死亡後、相続人などが納付又は徴収されることになった税金で、被相続人に原因があるものについては、死亡したときに確定していないものであっても、債務控除ができます。例えば、準確定申告の所得税などです。

住宅ローンは相続財産から控除される

 　住宅ローンは債務控除の対象になりますが、住宅ローンの場合には、団体信用生命保険に加入している場合がほとんどであり、この場合には相続財産から控除されません。

解説

　住宅ローンは確実な債務に該当するため、相続人が住宅ローンを承継する場合に限り債務控除が可能です。ここで、「限り」という表現を用いたのには理由があります。住宅ローンは被相続人が亡くなった際に、そのローンの支払義務が消滅することが多く、債務控除できるケースが限定的だからです。

　住宅ローンは通常、ローンを組む際に団体信用生命保険（団信）という保険に加入する事になっています。団信とは住宅ローンの契約者を被保険者とする生命保険で、住宅ローンの返済中に契約者が死亡若しくは高度障害を負った場合等に、保険金により住宅ローンを返済するというものです。

　一部の金融機関やフラット35のように任意となっているものもありますが、ほとんどの金融機関では団信への加入が借入の条件になっており、95％以上の人は加入している状況です。

　団信に加入していれば、契約者が死亡した時点で住宅ローンはなくなります。そのため、ほとんどの相続において住宅ローンは相続開始時に存在しない債務であり、債務控除の対象にならないことの方が多いと言えます。

団信	住宅ローン	債務控除
加入	免除	×
未加入	承継	○

　なお、住宅ローンが保険金で完済された後は、金融機関から抵当権登記を抹消するための書類が送られてくるので、相続人がその手続きを行います。この際、登録免許税など諸々の費用が発生しますがこれも相続財産から控除はできないので注意して下さい。

Keyword　葬儀・お墓

Q43 相続前にお墓を買えば相続税を節税できる

A43 お墓は非課税財産になるため、相続税の節税になります。

非課税

解説

　相続財産には非課税財産という相続税が課税されないものがあります。お墓は、祖先を敬い供養する行為のためのものであり、こういったものにまで税金を課すのは好ましくないという理由から、非課税財産とされています。

　そのため、将来お墓を購入する予定がある場合には、生前にお墓を購入しておけば相続財産を減らすことができ、相続税の節税になります。都心部ではお墓の値段が高騰していることもあり、ちょっとしたお墓でも数百万円はしますので一定の節税効果を得ることができます。

　ここで大事なことは生前に購入しておくということです。相続が発生し、遺族が相続財産からお墓代を賄っても、亡くなった後ではお墓を相続したわけではありませんので、節税にはなりません。生前にお墓を購入しておけば、お墓を用意する必要がある遺族への負担軽減だけでなく相続税の対策にも繋がるということです。

　ただし、お墓をローンで購入する場合には残債を残さないようにしておくことが重要です。亡くなった後に未払いの代金が残っていれば、相続人が債務を引き継ぐことになり、かつ、この債務は非課税財産であるお墓に係るものであるため、ローンの残額は債務控除の対象にはなりません。相続税対策でお墓を購入するのであればローンを組むのではなく（亡くなった時に返済し終わっていれば良いですが）現金一括購入することが望ましいと言

えます。

　なお、仏壇もお墓同様、非課税財産に該当するため、生前に購入しておくことで相続税の節税になりますが、純金製の仏壇や骨董的な価値がある場合には非課税財産と認められない場合もありますので注意が必要です。

参考：国税庁のホームページに記載されている非課税財産の一覧

①　墓地や墓石、仏壇、仏具、神を祭る道具など日常礼拝をしている物

　　　ただし、骨董的価値があるなど投資の対象となるものや商品として所有しているものは相続税がかかります。

②　宗教、慈善、学術、その他公益を目的とする事業を行う一定の個人などが相続や遺贈によって取得した財産で公益を目的とする事業に使われることが確実なもの

③　地方公共団体の条例によって、精神や身体に障害のある人又はその人を扶養する人が取得する心身障害者共済制度に基づいて支給される給付金を受ける権利

④　相続によって取得したとみなされる生命保険金のうち500万円に法定相続人の数を掛けた金額までの部分

⑤　相続によって取得したとみなされる退職手当金等のうち500万円に法定相続人の数を掛けた金額までの部分

⑥　個人で経営している幼稚園の事業に使われていた財産で一定の要件を満たすもの

⑦　相続や遺贈によって取得した財産で相続税の申告期限までに国又は地方公共団体や公益を目的とする事業を行う特定の法人に寄附したもの、あるいは、相続や遺贈によって取得した金銭で、相続税の申告期限までに特定の公益信託の信託財産とするために支出したもの

 四十九日法要費用は相続財産から控除できる

四十九日の法要費用は相続財産から控除することができません。

解説

　本来、葬式費用は遺族が負担すべき費用であり、亡くなった人の債務ではありませんが、人が亡くなったことにより必然的に生ずる費用であり、基本的には相続財産から支払われるものであるため債務控除の対象になっています。

　ただし、債務控除ができる葬式費用は下記の通り限定的です。

（１）葬式費用になるもの

①　葬式や葬送に際し、又はこれらの前において、火葬や埋葬、納骨をするためにかかった費用（仮葬式と本葬式を行ったときにはその両方にかかった費用が認められます）

②　遺体や遺骨の回送にかかった費用

③　葬式の前後に生じた費用で通常葬式にかかせない費用（例えば、お通夜などにかかった費用がこれに当たります）

④　葬式に当たりお寺などに対して読経料などのお礼をした費用

⑤　死体の捜索又は死体や遺骨の運搬にかかった費用

（２）葬式費用にならないもの

①　香典返しのためにかかった費用

②　墓石や墓地の買入れのためにかかった費用や墓地を借りるためにかかった費用

③　初七日や法事などのためにかかった費用

　四十九日の法要費用は（２）③に該当するため、葬式費用として債務控除はできません。

Keyword　分割払い・物納

Q45 相続税には分割払い制度がある

A45 ホント 相続税の支払は金銭で一括納付が原則ですが、延納という制度があり、分割払いを行うことも可能になっています。

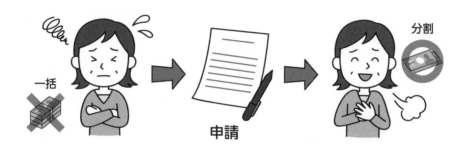

解説

　相続税は金銭で一括納付することが原則ですが、相続税額が10万円を超え、納期限までに金銭で一括納付することが困難と認められる場合には、納税者の申請により、分割納付（支払は年1回単位）することができ、これを延納といいます。ただし、延納は原則担保提供が必要であり、延納期間中は利子税の納付も必要となります。

　相続税の納税は申告書の提出日と同様、相続の開始があった日の翌日から10か月以内に納税をする必要があります。相続人はこの10か月の間に葬式費用や墓地の購入などの出費があり、さらには相続財産に不動産が多いなどの理由でまとまったお金を用意することができず、期限までに相続税を金銭で一括納付することが難しい場合もあります。このような場合は、延納制度を使うことになります。

　延納制度は上記の通り利子税が課されてしまうので、納税できる金額は先に納税をし、どうしても用意できない金額の分だけ延納制度を利用する方が良いでしょう。当面の生活費だけでなく、事業を行っている場合にはその運転資金は納税には充てられない部分ですので、これらを考慮して納税できる金額と延納してもらう金額を算出します。

　なお、延納の申請が認められた場合、延納できる期間は20年が最長となります。この期間は、相続財産に占める不動産等の種類や割合により決まります。

　また、延納制度ではありませんが、納税をクレジットカード払いにすることで通常のショッピングと同じように分割払いやリボ払いにすることもできます。クレジットカード

の分割払いであれば、クレジットカード会社との取り決めで分割回数が決められます。ただし、国税のクレジットカード納付は１回の納付手続きで利用できる金額の上限が1,000万円未満と決まっています。また、クレジットカード納付の場合にも、納税額に応じた決済手数料やクレジットカード会社への手数料が生じます。

 相続税は不動産での支払いがお得

A46 ウソ　相続税には物納という制度がありますが、物納財産は相続税評価額がその財産の価格とみなされます。特に不動産は時価より評価額が低くなるため、お得ではありません。

解説

　国税は金銭で納付することが原則ですが、相続税に限って延納によっても金銭で納付することが困難と認められる場合には、申請書などを提出のうえ、物納することが認められています。

　相続はいつ発生するか分からないため納税資金をすぐに用意できない場合もあり、また、換金性に乏しい財産が相続財産の中に含まれている場合もあるため物納を認めています。

　ただし、物納する財産を自由に選択できるわけではありません。物納する財産には優先順位が付されているため、相続した財産のうち不要なものを優先的に物納するという使い方はできません。

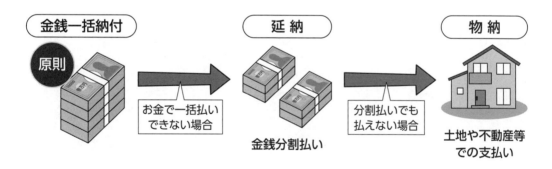

　物納に充てることができる財産の順位は以下の通りです。

第１順位　不動産、船舶、国債証券、地方債証券、上場株式等

第２順位　非上場株式等

第３順位　動産

　このように、物納できる財産は換金可能性が高いものから充てられますが、財産の価格は相続税評価額となるため、不動産については時価より低い金額で評価されるケースが多くなります。また、小規模宅地等の特例を適用した宅地は評価減した金額とされるため、売却して現金で納税する方が有利と言えるでしょう。

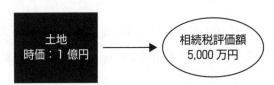

時価より低い金額で評価されるケースが多く、
お得ではありません！

Keyword　税務署・税務調査・脱税

Q47 相続税の税務調査を受けることは国民の義務である

A47 任意調査であるため義務というわけではありませんが、実際に断ることは困難です。

解説

　税務調査とは税務署が主体となって申告内容に誤りがないか、財産の計上もれがないかなどのチェックを実施することを言います。相続税の申告から1～2年後に行われることが多く、納税額が多い人ほど、調査に入られやすい傾向にあります。なお、相続税の時効は5年（脱税など、悪質なケースは7年）なのでその期間内になければ税務調査が来ることはありません。

　この税務調査ですが、テレビや映画の影響から税務署の職員が突然大勢で家に押しかけ、家中を片っ端からひっくり返していくイメージを持たれている人も多いと思われます。これができるのは国税局査察部（いわゆるマルサ）の調査です。マルサの調査は令状を持って乗り込んでくる強制調査であり、主に脱税の疑惑がある納税者に対して行われるものです。ちなみにマルサとは査の字を丸で囲った文字に由来しています。

　通常の人が受ける税務調査は任意調査であり、事前に調査が入る旨の電話がきます（税理士が関与した場合には税理士に連絡がいきます）。調査パターンは様々で、税務署に呼び出される、書面で回答する、実地調査の3パターンがありますが、実地調査がもっとも多いです。実地調査となれば、まずは調査日程を決めることになりますが、あくまでも任意調査であり納税者の協力のもと行うというスタンスから、日程はある程度自由に決めることができます。

　ただし、任意調査であるから断ることも可能かというと、実際にはそれは不可能といえます。通常の税務調査の調査官はマルサのように令状を取ることはできないので強制調査

はできませんが、質問検査権という権限があり納税者にはそれに応える義務があります。正当な理由のない調査拒否、質問不答弁、虚偽答弁などに対しては罰則が設けられているため、税務調査自体を断るということはできません。そういった意味では、任意調査とはいうものの半ば強制調査に近い性質を持っているともいえます。

～一般的な税務調査（実地調査）の当日のスケジュール～

相続税の調査スケジュールなどは事前連絡の時に決めることになりますが、被相続人が生前住んでいた家若しくは相続人代表の自宅で行います。10時から始まり16時頃に終わるというスケジュールが一般的です。

・午前の部（10時～12時くらい）

相続人へのヒアリングが基本です。ヒアリングと言っても被相続人の仕事や趣味など世間話的な会話をしてくることが多く、相続税の申告に直接関係のないと思えるようなことを聞いてきます。ただし、どのくらいの収入があったのか、お金はため込んでいたのではないか、退職金があった会社ではないか、趣味の道具で高価なものを持っていたのではないかなどを探ってきていることが多く油断は禁物です。

・昼休憩（12時～13時くらい）

調査官は一旦中座します。調査官は公務員なので金品の受取は禁止されており、昼食を用意する必要はありませんが、お茶程度なら用意してもいいでしょう。

・午後の部（13時～16時くらい）

午前中のヒアリングや事前に調べてきている内容から家の中を相続人に案内させ実物をチェックしたり、核心に迫る質問をしてきたりします。税務調査は実地調査後一定の期間ののち（案件によっては数か月かかることもあります）調査結果の連絡が来るため、今後のスケジュールや論点になっている部分の総括が行われます。この時点で調査官と見解の相違がある場合には交渉を行います。

このように、実地調査は1日で完了することが多いですが、その後も調査官とのやり取りは続き、最終的に申告書を訂正するか、訂正不要かの決着まで調査は続くことになります。

Q48 税務調査では家の中のタンス・引き出しを全部開けられる

A48 任意の税務調査では納税者のプライバシー保護の観点から、調査官は家の中のものを勝手に触れることはできません。

解説

　税務調査において、申告もれを指摘されやすいのは現預金です。国税庁の統計によれば申告もれ相続財産に占める割合はトップです。そのため調査官は実地調査の際に、申告もれの現金や預金口座がないか相続人に確認をしてきます。ヒアリングによることが基本ですが、被相続人の家での調査の場合、家の中のタンスや引出しに現金が隠されていないか、怪しい預金口座の通帳が出てくるのではないか疑いを持っています（いわゆるタンス預金や隠し口座がないか疑っています）。しかし、通常の税務調査はあくまでも任意調査であるため調査官が勝手に家の中のものに手を触れたり、開けたりすることは出来ません。そのため、調査官は確認をしたい場合には相続人にタンスや引出しを開けるよう依頼して確認をします。

　仮にタンス預金や隠し口座の通帳らしきものが見つかっても、まず確認するのは相続人となります。Q49. 調査官は職権で銀行口座や貸金庫を自由に調べることができる (P112)の通り、調査官は預金口座の取引履歴を調べているため、タンス預金や隠し口座に関して、実地調査までにある程度の確信を持っています。

　なお、言うまでもありませんが、故意に現金を引き出して、タンスのなかに隠しておくというのは、節税ではなく脱税です。

Q49 調査官は職権で銀行口座や貸金庫を自由に調べることができる

 A49 銀行口座については、職権で取引履歴などを調べることができますが、貸金庫については、中身までは自由に調べることはできません。

解説

　調査官は、相続税の申告書に記載された金融機関だけでなく、被相続人が取引していた可能性がある金融機関に対し、10年分の取引履歴を職権で照会することができます。金融機関へ郵送などで資料を求めることもあれば、訪問して資料を閲覧することもあります。

　また、被相続人の銀行口座だけでなく、配偶者や子供、孫などの銀行口座も照会対象となります。配偶者や子供、孫などの銀行口座の残高が収入などに比べて高額であれば、その出所が疑われます。

　調査官は、被相続人の病歴から被相続人が亡くなる直前に、被相続人自身にどれだけ意思決定能力があったかどうかも確認します。例えば、被相続人が認知症であったり、意識がなかったときに、被相続人の口座から預金が引き出されていれば、その引き出しを行ったのは誰なのか、何に使われたのかが問われます。意思決定能力がない間に相続人などに贈与が行われた場合には、贈与は成立していなかったものとして相続財産に含めるように指摘されることがあります。

　このように、銀行口座の取引履歴は調査官に見られるものとして、相続税の申告をする際は、被相続人の口座の取引履歴を確認し、高額な入出金の内容を確認すると良いでしょう。

　なお、貸金庫については利用している金融機関の預金口座から毎年使用料が引き落とされますので、調査官は貸金庫の使用の有無を知ることができます。

　ただし、調査官は誰がいつ開閉したかの開閉履歴は調べることができますが、中身までは職権で自由に見ることはできないため、調査官と相続人で銀行の貸金庫に一緒に見に行くこともあります。

 **Q50** 孫名義の預金は相続財産に加算される

A50  ウソ　孫名義の預金が孫の管理下で自由に使うことができていた場合には、相続財産に含める必要はありません。

| 贈与 | 相続財産ではない

| 贈与 | 相続財産に加算

解説

　祖父母が孫のために大きくなったら渡そうと孫の名義で預金をしていることは少なくありません。祖父母が亡くなってから孫名義の通帳が見つかり、その通帳を孫に渡すことにしたというケースをよく耳にします。

　この孫名義の預金は、相続税の計算をする上では、祖父母が孫の名義を借りて預金していたにすぎず、祖父母の財産であると考えられるため、その全額を相続財産に含めることとなります。このように、亡くなった人の名義ではないけれど、亡くなった人の財産に含めなければならない預金のことを名義預金と言います。

　孫名義の口座は、祖父母が長年にわたり贈与してきたお金です。贈与税の時効は6年なので、6年より前の預入については相続財産に含める必要はないのではと思われるかもしれませんが、全額が相続財産となります。

　生前贈与は、贈与者（祖父母）と受贈者（孫）との契約であり、成立するためには祖父母の意思だけでなく孫の同意が必要です。孫が通帳の存在を知らなかった場合には、同意があったとは認められませんから、贈与が成立したとは言えません。したがって、全額が相続財産となるのです。

　このような名義預金については、税務調査で発覚するケースがほとんどです。調査官は預金口座を管理しているのは誰なのか、通帳、カード、印鑑などから確認します。成人していたにも関わらず、口座を管理していたのが、贈与者（祖父母）であるような場合には名義預金が疑われます。

　名義預金が疑われないようにするために、通帳、カード、印鑑の管理は受贈者（孫）に任せるようにするとよいでしょう。

　また、贈与した財産であることを証明するためには、贈与契約書の作成が有用です。贈与契約書に記名押印することによって、受贈者（孫）は贈与を受けた認識があることを証明できます。贈与税の申告を受贈者（孫）が行っている場合には、こちらも贈与があったことを証明する書類となります。

　孫に預金をもらった認識があり、孫の管理下で自由に使うことができていた場合には、相続財産に含める必要はありません。

　なお、受贈者（孫）が未成年者である場合には、贈与契約書には受贈者（孫）による記名押印だけでなく、親権者（親）による記名押印も必要になります。また、通帳、カード、印鑑については親権者（親）が管理する必要があります。

Q51 追徴課税＝脱税である

A51 ウソ　追徴課税でもすべてが脱税とは限りません。

計算誤りを指摘された…
過少申告加算税
（追徴課税）

意図的に財産を隠す
重加算税
（追徴課税）

解説

　追徴課税とは、税務署の指摘により申告した税額が少ないことが判明した場合や、無申告が発覚した場合などに追加で徴収される税金のことをいいます。

　一方、脱税とは意図的に財産を隠すなどして、相続税の負担を不当に減少させる行為をいいます。現金を引き出し、タンスの中に隠して財産を減らす行為は、脱税の代表的な例です。

　相続税の追徴課税が課されるケースには、脱税はもちろんのこと、財産があることを知らなかった場合の申告もれや計算誤りがあった場合も含まれますので、追徴課税＝脱税というわけではありません。

　なお、追徴課税がされた場合には次の加算税や延滞税がペナルティーとして課されることになります。

① **過少申告加算税**

　申告期限内に提出した申告書の納付額が、本来納めなければならない金額よりも少ない場合に過少申告加算税が課されます。

　新たに納めなければならない税金の10％が課されます。ただし、期限内申告税額と50万円のいずれか多い金額を超える部分については、15％が課されます。

② **無申告加算税**

　申告書を提出期限までに提出しなかった場合に無申告加算税が課されます。

　納めなければならない税金の50万円以下については15％、50万円を超える部分は20％が

課されます。

　なお、税務調査を受ける前に自主的に申告し、期限後申告と取り扱われた場合には、無申告加算税が５％に軽減されます。

③　重加算税

　故意に隠蔽、仮装した場合に重加算税が課されます。この重加算税は他の加算税と比べ、悪意的なものとみなされるためペナルティーも重くなります。脱税の場合には、重加算税の対象となります。

　過少申告加算税に代えて35％、無申告加算税に代えて40％が課されます。

④　延滞税

　相続税を期限までに納めなかった場合、期限の翌日から納付までの日数に応じて、延滞税が課されます。

　期限の翌日から２か月を経過する日までは年2.5％、それ以降は年8.8％（令和３年の場合）の割合で延滞税が課されます。

　なお、相続税以前の問題ではありますが、脱税行為の悪質性により10年以下の懲役若しくは1,000万円以下の罰金に処される可能性がありますので、やはり安易な脱税行為は禁物といえるでしょう。

Keyword　**生前贈与**

Q52 贈与税は相続税より高い

A52 贈与税は相続税の補完税の役割を担っており、（相続税の）課税逃れを防止するために税率は高く設定されています。

解説

　贈与税は相続税に比べ、非課税となる基礎控除額が小さく、税率が高く設定されています。以下に相続税と贈与税の税率と課税対象金額を比較してみました。

贈与税	
課税対象金額	税率
200万円以下	10%
400万円以下	15%
600万円以下	20%
1,000万円以下	30%
1,500万円以下	40%
3,000万円以下	45%
4,500万円以下	50%
4,500万円超	55%

相続税	
課税対象金額	税率
1,000万円以下	10%
3,000万円以下	15%
5,000万円以下	20%
1億円以下	30%
2億円以下	40%
3億円以下	45%
6億円以下	50%
6億円超	55%

※表は20歳以上の子や孫の場合

　贈与税の最低税率ラインは200万円で、相続税の最低税率ラインは1,000万円なので、かなり少額の贈与で課税されることになります。

　例えば、1億円の財産を息子に贈与した場合と相続した場合とを比較すると納税額は最低でも3,500万円（※参照）の差があります。贈与税は相続税に比べかなり割高ということがわかります。

　贈与はいつでも・誰にでも・何度でも・いくらでも贈与することが出来るので、ある程度税率を高くする必要があります。もし贈与税の税率が相続税の税率より低ければ、相続税がかかる前に一気に贈与しておこうということになるからです。

　また、贈与税の基礎控除額（110万円）も相続税の基礎控除額（3,000万円＋600万円×法定相続人の数）よりもはるかに小さい金額となっています。ただし、年間110万円の枠内であれば贈与税はかからないため、毎年地道に生前贈与をしていくのも良いかもしれません。

（※）１億円の資産を息子が贈与・相続した場合の税金（諸々の控除額は考慮していません）

■贈与税（単位：円）

① 100,000,000 － 1,100,000 ＝ 98,900,000

② ① × 55% ＝ 54,395,000

■相続税（単位：円）

① 100,000,000 － 36,000,000 ＝ 64,000,000

② ① × 30% ＝ 19,200,000

 生前贈与は口頭でも成立する

A53 ホント　贈与に限らず契約は、お互いの合意があれば成立します。

解説

　一般的なイメージとしては、契約書にサインをして初めて契約が成立すると認識されている人が多いかと思われますが、契約の成立は契約の申込みとそれに対する承諾、すなわち当事者間において合意があった時点で成立します。

　これを贈与に置き換えて考えると、「あげる」という意思表示と「もらう」という意思表示があれば、お互いに合意したことになりますので、その時点で贈与契約は成立します。

　しかし、他の契約でもそうですが、口頭でお互いの意思を確認しても、後に言った言わないの争いが生じる場合があります。

　そのため、お互いが合意したことを後で確認することができるよう書面で残しておく必要があり、その書面がいわゆる契約書です。

　贈与については、通常親族間で行われることが多いかと思われますので、口頭でお互いの意思表示を確認し、お金や物の引き渡しが済めば、その後争いに発展することも少ないと考えられます。

　しかし、実際に贈与を行う場合には、贈与が行われたことがわかるよう書面で残しておいたほうが良いでしょう。

　なぜならば、親族間の贈与において贈与者と受贈者との間に争いが無くても、税務調査があった場合には、税務署に対して贈与の事実を主張する証拠が無いことになるためです。

　この問題に発展する時はすでに相続が発生した後であり、贈与者はいませんから、契約書の存在なしに贈与があったことを証明するのは難しいのです。

　税務調査で生前に贈与があったことを証明できなかった場合は、贈与は成立していない
ものとして相続財産に加算し、追加で相続税を納税する必要が生じてしまいます。また、
最初に申告した財産が過少であったということで、ペナルティが課されてしまいます。

　なお、贈与契約書自体に決まったひな形はありませんが、具体的には以下のような内容
を記載して、贈与者と受贈者それぞれ記名押印をします。

①贈与者の氏名

②受贈者の氏名

③贈与する財産の内容（金○○○円など）

④贈与する日

⑤契約を交わした日

現金より不動産の方が生前贈与に向いている

  **ウソ** 現金の方が生前贈与に向いています。

解説

　不動産を贈与した場合には、受贈者はほぼ間違いなく贈与税がかかります。

　なぜならば、不動産の価額というのは通常、贈与税の基礎控除額である110万円を超えているためです。

　不動産を小分けにして贈与すれば、贈与税がかからない可能性もゼロではないですが、現実的ではありません。複数人で一つの不動産を所有することになるため、所有権が複雑になりますし、贈与後に売却しようと思っても自分の意思のみでは売却することもできなくなります。また、小分けにするため手続きにも手間がかかりますし、司法書士などの専門家に依頼することになれば、その分出費がかさむことにもなります。

　ところで、不動産の価額は変動するものです。今後確実に不動産価額が上昇すると見込まれる局面では、値上がり益相当額を子や孫の受贈者に移転することができるため、不動産の贈与も有効な手段の一つではありますが、贈与時よりも相続時における不動産価額が下がっていた場合には贈与税が高くつくため、不利な状況で不動産を移転させてしまったことになります。

　また、不動産は贈与によって取得すると、贈与税とは別に不動産取得税や登録免許税がかかります（相続の場合には、不動産取得税はかかりません）。取得後には固定資産税もかかるのです。

　なお、不動産は相続においては小規模宅地等の特例の適用可能性がありますが、贈与においてはその特例はありません。一方、現金は価額変動によるリスクがなく、贈与する額は自分で決められるため、贈与税の基礎控除額110万円以下で贈与していくことも可能です。

　また、現金の贈与に係る税金は贈与税だけであり、その他の出費を考える必要はありません。

　さらに、現金は相続においては特例がありませんが、贈与においては非課税とされるいくつかの特例があります（Q55. 教育、結婚・子育て、自宅購入は生前贈与の大チャンス P123参照）。

　したがって、現金の方が生前贈与に向いていると言えるでしょう。

教育、結婚・子育て、自宅購入は生前贈与の大チャンス

 教育、結婚・子育て、自宅購入は人生で最もお金がかかります。これらにかかる資金を子や孫に贈与した場合には、贈与税が課税されない制度がありますので、生前贈与の大チャンスです。

非課税枠が拡大！！

教育　　　　結婚・出産　　　　住宅

解説

　相続税対策にあたって生前贈与を行う際の基本は、毎年110万円の基礎控除額の範囲内で贈与を行い、相続前3年以内の贈与は行わないようにすることです。なぜなら、相続前3年以内に行われた相続人への贈与については、相続税の計算にあたりその贈与財産を相続財産として足し戻し、課税対象にしなければならないためです。

　なお、相続税の計算において、3年内贈与で納付した贈与税は相続税から差し引くことになるので損をするわけではありませんが、相続税の節税にはなりません。

　このように3年内贈与に注意しながら、生前贈与はコツコツと行うことが一般的ですが、子や孫の「①教育のための費用、②結婚・子育てのための費用、③住宅の購入費用」については、優遇措置があるため、一括贈与の大チャンスとなります。簡単にまとめると以下の通りです。

	①　教育	②　結婚・子育て	③　住宅
非課税限度額	1,500万円	1,000万円	最大3,000万円
受贈者の対象年齢	30歳未満	50歳未満	20歳以上

　ただし、どれも贈与された金額を目的通り使ってもらう必要があり、使い残しをした場合などは課税されるので、ご注意下さい。

執筆者紹介

あいわ税理士法人

代表社員　石川正敏

代表社員　杉山康弘

2002年11月、藍和共同事務所を母体として設立された税理士法人。多くの公認会計士・税理士を擁し、会計・税務コンサルティングをはじめ、株式公開支援、事業承継・相続コンサルティングや企業買収におけるデューデリジェンス業務、組織再編・連結納税支援サービスなどを提供している。

また、各種セミナーの開催・専門誌への情報提供なども積極的に行っている。

《本部》

〒108-0075

東京都港区港南二丁目５番３号オリックス品川ビル４Ｆ

Tel　03-5715-3316　　Fax　03-5715-3318

URL　http://www.aiwa-tax.or.jp/

メールアドレス　info@aiwa-tax.or.jp

《大阪事務所》

〒541-0053

大阪市中央区本町４-５-18　　本町YSビル７Ｆ

Tel　06-6262-2036　　Fax　06-6262-2037

執筆者一覧 (五十音順)

税理士　市川　光大

大手の税理士専門学校の講師を経て、現職に就く。

国内の上場企業やそのグループ会社、IPO準備企業、中堅オーナー企業に対する税務コンサルティングを中心に、オーナー企業の株価対策、事業承継のための経営組織体制の構築（組織再編によるスキームの提案や実行支援等）や自社株の承継方法の提案及び実行等に従事。

また、相続税の基礎、消費税の基礎などのセミナーの講師も担当。

税理士　加瀬　良明

小規模会計事務所を経て2015年にあいわ税理士法人入社。

上場会社をはじめとし、IPO準備会社や中小企業など、幅広く税務アドバイスとコンサルティング業務を行い、その他にも組織再編やホールディング化支援、相続など様々な業務に従事。

また、法人税の基礎、消費税の基礎などのセミナーの講師も担当。

税理士　二村　嘉則

非上場会社から上場会社まで幅広い層のクライアントに対する税務コンサルティング業務に従事する一方、金融機関等と提携し、相続の相談会を多数実施。

また、相続を所管する審査部門に所属し、あいわ税理士法人の全相続に関与。

税理士有資格者　渡辺　登

地元の会計事務所にて、中小企業を中心とした法人業務、相続業務、個人確定申告業務に従事した後、あいわ税理士法人に入社。

あいわ税理士法人にて、IPO準備会社を中心とした法人業務に従事した後、某資格の専門学校にて講師業に専任する。

講師業に専任した後、あいわ税理士法人に復職し、現在では実務に従事する傍ら某資格の専門学校にて講師業にも従事している。

本書の内容に関するご質問は、ファクシミリ・メール等、文書で編集部宛に
お願いいたします。
Fax：03-6777-3483
E-mail：books@zeiken.co.jp
なお、個別のご相談は受け付けておりません。

本書刊行後に追加・修正事項がある場合は、随時、当社のホームページ
（https://www.zeiken.co.jp）にてお知らせいたします。

巻でよく聞く

相続・贈与のウソ？ホント!?

令和 3 年11月10日　　初版第一刷印刷　　　　　　　　　　　（著者承認検印省略）
令和 3 年11月15日　　初版第一刷発行

　Ⓒ　編　者　　あいわ税理士法人
　　　発行所　　税 務 研 究 会 出 版 局
　　　　　　　週 刊「税務通信」発行所
　　　　　　　　　　「経営財務」
　　　代表者　　山　根　　　毅
　　　郵便番号 100-0005
　　　東京都千代田区丸の内 1-8-2 鉄鋼ビルディング
　　　＜税研ホームページ＞　https://www.zeiken.co.jp

乱丁・落丁の場合は，お取替え致します。　　　印刷・製本　東日本印刷株式会社

ISBN 978-4-7931-2638-3